税收收执法三原则

邓新民　著

湖南大学出版社·长沙

图书在版编目（CIP）数据

税收执法三原则 / 邓新民著. -- 长沙 ：湖南大学
出版社，2025.1. -- ISBN 978-7-5667-3955-1

Ⅰ. D922. 220. 4

中国国家版本馆CIP 数据核字第2024MP0752号

税收执法三原则
SHUISHOU ZHIFA SAN YUANZE

著　　者：邓新民
责任编辑：谌鹏飞
印　　装：长沙超峰印刷有限公司
开　　本：710 mm × 1000 mm　　1/16　　印　张：12.75　　字　数：127千字
版　　次：2025年1月第1版　　　　印　次：2025年1月第1次印刷
书　　号：ISBN 978-7-5667-3955-1
定　　价：65.00 元

出 版 人：李文邦
出版发行：湖南大学出版社
社　　址：湖南·长沙·岳麓山　　　邮　编：410082
电　　话：0731-88822559（营销部）88821691（编辑部）88821006（出版部）
传　　真：0731-88822264（总编室）
网　　址：http://press.hnu.edu.cn

序

PREFACE

湖南省注册税务师协会会长　彭爱华

　　税收执法的合法性和公正性日益受到社会各界的广泛关注，在此背景下，一本深入剖析税收执法基本原则、强调实现税收征管合法合规的书籍，无疑是当下税务领域乃至整个社会所需要的。

　　税务机关和纳税人之间争议的产生往往源于多方面的因素，如税收政策本身的复杂性和多样性使得纳税人和税务机关在理解和执行的过程中容易产生偏差，税务机关在执法过程中的程序有所欠缺，对于涉税案件认定事实的意见不一，等等。而这些，也恰好反映出深入理解和践行税收执法基本原则的重要性。

　　《税收执法三原则》这本书正是立足我国税务实践中存在的问题，来谈论税务机关在税收执法过程中所需遵循的三项原则，即税收法定原则、程序合规原则和税务利他原则。书中谈及的第一项原则就是税收法定原则，这是税收征管工作的基石，它强调税的征收必须依据法定程序和法律规定进行。明确的法律条文不仅为税务机关提供了明确的执法依据，也让纳税人的权益有了法律保障。在税收实践中要不断完善我国税收法律体系，以确保税收征管的合法性和公正性。在有法可依的基础上必然要求有法必依，这也随之引出税收执法中的程序合规原则。这一原则要求税务机关在立案、调查、取证、审查等环节都必须严格按照法律规定进行，对执法行为进行约束，确保税收征管行为的规范性。而税务利他原则则是税务机关执法的重要价值取向，通过实现税收执法的利他性来提高纳税人的纳税遵从度。这三项原则在逻辑上层层递进，内容上紧密相连，不仅有助于提升纳税人对税收征管的社会认同度和满意度，也有助于构建和谐、互信的税收征纳关系，推动税收征管工作的健康发展。

这本书不仅深入浅出地阐释了我国税收征管的运行逻辑，还结合税收征管实践中的案例深入剖析了税收执法的三项原则，提出了统筹兼顾保障国家税收安全和纳税人合法权益，以实现税收征管的法治化、规范化和人性化的正向指引。因而，这本书无论是对税务机关的工作人员还是对纳税人来说，都是极具参考价值和实用性的作品。

前 言

税收是国家为了向社会提供公共产品、满足社会共同需要，按照法律规定，强制、无偿取得财政收入的一种规范形式。税收在国家治理中有着巨大的作用，主要表现在组织财政收入、调控经济运行、调节收入分配、监督经济活动等方面。

继 2015 年《深化国税、地税征管体制改革方案》、2018 年《国税地税征管体制改革方案》之后，中共中央办公厅、国务院办公厅于 2021 年 3 月印发了《关于进一步深化税收征管改革的意见》（以下简称"《意见》"）。《意见》是一部确定中国税收体制改革方向和目标的纲领性文件，对深入推进精确执法、精细服务、精准监管、精诚共治，深化税收征管改革作出了全面部署，要求在 2023 年建成税务执法新体系、税费服务新体系和税务监管新体系。

《意见》明确提出，国家将全面推进税收征管数字化升级和智能化改造。在加快推进智慧税务建设中，充分运用大数据、云计算、人工智能、移动互联网等现代信息技术，着力推进内外部涉税数据汇聚联通，在2025年实现税务执法、服务、监管与大数据智能化应用深度融合、高效联动、全面升级，基本实现发票全领域、全环节、全要素电子化，不断深化税收大数据共享应用。

金税四期从数字化升级和智能化改造入手，构建信息共享与核查通道，深度融合"税务、财务、业务"，实现各部门数据贯通，形成各纳税人的"数据画像"，同时借助大数据、人工智能等新一代信息技术实现智慧税务。这将对纳税人的涉税行为产生革命性的影响。

为提高税法遵从度和纳税人满意度，降低税收流失率、降低税收征纳成本，实现对各类纳税人的精准管理，确保税收征管的公平公正，提高税收征管的效率，国家税务总局于2016年印发了《纳税人分级分类管理办法》。该管理办法将纳税人分为企业纳税人和个人纳税人,将涉税事项分为纳税服务事项、基础管理事项、风险管理事项和法制事务事项,明确了税务机关的分级管理职责,有利于优化纳税服务、强化征收管理、提高征管效率。

除了不断完善税收征管的工具和管理办法,法律体系建设是税收征管体制改革的重要组成部分。在税款征收、税收执法过程中,涉及的情况纷繁复杂,存在的问题层出不穷。对各类税款征收以及涉税执法,须依法律法规而开展。

纵览中国的税制改革,我国一直在不断修正和完善税收法律体系,不断优化税制结构。特别是2015年《中华人民共和国立法法》的修改,确定了税收法定原则,我国的税制改革进程加快。目前,我国已经颁布了《中华人民共和国税收征收管理法》,同时有14个税种也已经完成立法。这些法律与国务院制定的行政法规,国家税务总局制定的部门规章、规范性文件,以及各级税务主管机关出台的规章制度，形成了现行的税收法律体系。

一是基础法律，包括《中华人民共和国宪法》《中华人民共和国立法法》和《中华人民共和国税收征收管理法》。

《中华人民共和国宪法》第五十六条规定："中华人民共和国公民有依照法律纳税的义务。"这明确了公民的纳税义务。

《中华人民共和国立法法》第十一条规定，税种的设立、税率的确定和税收征收管理等税收基本制度只能制定法律。这条规定明确了开征税种、税率和征收管理等涉税要素必须制定法律，税款征收机关也只能在法律规定的范围之内对纳税人的纳税事项进行征收管理。这是对税收法律地位的保障。

《中华人民共和国税收征收管理法》第三条规定："税收的开征、停征以及减税、免税、退税、补税，依照法律的规定执行；法律授权国务院规定的，依照国务院制定的行政法规的规定执行。任何机关、单位和个人不得违反法律、行政法规的规定，擅自作出税收开征、停征以及减税、免税、退税、补税和其他同税收法律、行政法规相抵触的决定。"这意味着各级税务机关在制定规章制度和地方性法规时要遵循法律规定或行政法规，下位法不得违背上位法的规定，不得突破上位法的规定。

二是已立法的各税种法律，目前我国有14个税种已立法。

这14个税种法律分别是《中华人民共和国企业所得税法》《中华人民共和国个人所得税法》《中华人民共和国车船税法》《中华人民共和国环境保护税法》《中华人民共和国烟叶税法》《中华人民共和国船舶吨税法》《中华人民共和国耕地占用税法》《中华人民共和国车辆购置税法》《中华人民共和国资源税法》

《中华人民共和国契税法》《中华人民共和国城市维护建设税法》《中华人民共和国印花税法》《中华人民共和国关税法》《中华人民共和国增值税法》。上述各税种法律规范了纳税流程和征收程序，明确了缴税依据，让税务机关征税有了法律支撑，让纳税人缴税有了法律依据，有利于保障税收征管工作的顺利进行，提高执法的准确性。

三是尚未立法但已开征的税种，遵循的是国务院的暂行条例。

当前我国未立法的税种为消费税、城镇土地使用税、土地增值税、房产税，这些税种的征收管理均按照国务院颁布的各税种暂行条例执行。暂行条例为这些税种的开征打下了基础、提供了依据，有利于在立法尚未健全的阶段保障税收的征管工作，维护国家权益。

四是部门规章。目前为止，国家税务总局制定出台了《重大税收违法失信主体信息公布管理办法》《税务规范性文件制定管理办法》《税务稽查案件办理程序规定》《税务登记管理办法》《中华人民共和国发票管理办法实施细则》《建筑安装业个人所得税征收管理暂行办法》《个体工商户税收定期定额征收管理办法》等多部部门规章，在一定程度上完善了税收法律法规体系。

在众多的部门规章中，《税务部门规章制定实施办法》特别值得所有税务人员和纳税人注意。《税务部门规章制定实施办法》第五条规定："制定税务规章，应当符合上位法的规定，体现职权与责任相统一的原则，切实保障税务行政相对人的合法权益。没有法律或者国务院的行政法规、决定、命令的依据，税务规章不得设定减损税务行政相对人权利或者增加其义务的规范，不得增加本部门的权力或者减少本部门的法定职责。"这明确了制定部门规章的权限，不得扩大政府权力或限缩纳税人权利，指明部门规章的制定的方向，在后续部门规章制定过程中具有指导作用。

五是规范性文件。国家税务总局出台了《免征车辆购置税的设有固定装置的非运输专用作业车辆目录》《国家税务总局关于进一步落实支持个体工商户发展个人所得税优惠政策有关事项的公告》《国家税务总局、财政部关于优化预缴申报享受研发费用加计扣除政策有关事项的公告》等规范性文件，这是在税收法律法规的基础上制定的规范性文件，是税收法律法规体系的一大补充，明确了税收实践的明细项内容，有利于夯实税收法律基础。

六是各级税务主管机关出台的规章制度。各级税务机关会根据地方实际情况出台相应的地方性税务规章制度，这有益于指导地方税收实践，规范基层税务机关税收执法行为，健全地方税收制度，完善现代税收制度。

税收法律体系的建立有效保证了税款的征收，确定了纳税人应该履行的纳税义务，也为税务执法奠定了基础。

尽管有了相对完善的税收法律体系，但随着纳税人法律意识的增强，在税款征收尤其是在税收执法过程中还是出现了诸多的税企争议。

税务机关在税务执法过程中出现的问题主要体现在三个方面。

一是各级税务机关在制定部门规章、规范性文件以及规章制度时，违反下位法应遵循上位法的基本规定。

二是在执法过程中税务执法人员忽视执法程序的规范操作，执法程序不到位。执法程序不到位，不仅使得纳税人权益无法得到保障，也使得执法效力大打折扣，常常造成行政行为无效的法律后果。

三是当政策界定不清或依据不足时，税务机关的自由裁量权行使不当，甚至滥用。

这些问题的出现，极大地影响了税收征管秩序，也是形成税企争议的主要原因。

这些问题的出现主要是由税务机关特定的地位决定的。税务机关作为实现税收职能、保障税款征收而设立的专门职能机构，代表国家行使征税权力，被赋予了两类职能，即政策制定和政策执行。

要解决这些问题，首先需要明确税务机关在税收执法过程中应该遵循的基本原则。

在司法实践中，特别是在法律法规的贯彻落实过程中，都要遵循以下原则。

1.法律优位原则。《中华人民共和国立法法》第九十八条规定："宪法具有最高的法律效力，一切法律、行政法规、地方性法规、自治条例和单行条例、规章都不得同宪法相抵触。"《中华人民共和国立法法》第九十九条规定："法律的效力高于行政法规、地方性法规、规章。行政法规的效力高于地方性法规、规章。"也就是说，就法律效力而言，税收法律＞税收行政法规＞税收部门规章和地方性法规。效力低的税法与效力高的税法发生冲突时，效力低的税法是无效的。

2.法律不溯及既往原则。《中华人民共和国立法法》第一百零四条规定："法律、行政法规、地方性法规、自治条例和单行条例、规章不溯及既往，但为了更好地保护公民、法人和其他组织的权利和利益而作的特别规定除外。"

3.新法优于旧法原则、特别法优于普通法原则。《中华人民共和国立法法》第一百零三条规定："同一机关制定的法律、行政法规、地方性法规、自治条例和单行条例、规章，特别规定与一般规定不一致的，适用特别规定；新的规定与旧的规定不一致的，适用新的规定。"

4.禁止类推适用原则。《中华人民共和国刑法》第三条规定："罪刑法定，法律明文规定为犯罪行为的，依照法律定罪处刑；法律没有明文规定为犯罪行为的，不得定罪处刑。"

5.禁止增设或限缩解释原则。《中华人民共和国立法法》第四章第二节第九十一条规定："国务院各部、委员会、中国人民银行、审计署和具有行政管理职能的直属机构以及法律规定的机构，可以根据法律和国务院的行政法规、决定、命令，在本部门的权限范围内，制定规章。部门规章规定的事项应当属于执行法律或者国务院的行政法规、决定、命令的事项。没有法律或者国务院的行政法规、决定、命令的依据，部门规章不得设定减损公民、法人和其他组织权利或者增加其义务的规范，不得增加本部门的权力或者减少本部门的法定职责。"

以上这些原则都有相关的文件规定作为支撑。除此之外，还有一些没有明确的法律条文，但是在所有司法实践中大家共同遵守的原则，比如：为了保护司法程序的正常进行，程序的法定要求相对于实体法上的权利义务之争议具有优先适用的效力，也就是程序优于实体原则；比如实体从旧、程序从新原则；比如实体课税原则；比如税收公平原则；比如税收效率原则；等等。

笔者认为，无论对这些法律原则如何表述，如何理解，在税收执法实践中，只有遵循三项原则，税务机关才能真正做到依法征税、实现税收职能，同时促进纳税人依法纳税、保障纳税人的合法权益。

这三项基本原则就是：税收法定原则、程序合规原则和税务利他原则。

目 录
CONTENTS

第 **1** 章

税收法定原则

政府不能征收无法律规
定的税，公民无须缴纳
无法律规定的税。

一　基本含义

　　税收法定原则，是指税法的各类构成要素都必须由法律予以明确规定，税法主体及其权利和义务都必须由法律予以确认。税收法定原则是税收征纳过程中的基本原则，也是最高原则。如果没有相应法律为前提，则政府不能征税，公民也没有纳税的义务。

　　税收法定原则包括两层含义：税收主体必须依且仅依法律的规定征税，纳税主体必须依且仅依法律的规定纳税。国家在制定税收政策时，必须充分考虑法律法规的规定，并通过立法程序确立税收征管的权限和程序。要顺从法律体系的层级规定，下位法不得违背上位法，下位法须在上位法的框架内对内容进行规范和合理细化。相关部门在制定部门规章、地方政府在制定地方性规章制度时不能随意限缩纳税人权利、扩大政府机关权力或任意改变税收程序。

　　各级税务机关在税收征管过程中出台各种不同层级的部门规章、规范性文件、地方性法规时，内容是否与上位法相冲突，是否有扩大税务机关权力、限缩纳税人权益、改变执法流程、增加纳税人义务的内容？若这些部门规章、规范性文件、地方性法规若与上位法内容相抵触相违背，则纳税人与税务执法机关势必产生争议。如何理清和解决这些矛盾，是对税收法定原则进行探讨的动因。

二　法律基础

《中华人民共和国宪法》第五十六条规定："中华人民共和国公民有依照法律纳税的义务。"这明确规定中国公民需要按照法律规定的要求来履行纳税义务，同时包含了另外一层含义，那就是纳税人也只需要按照法律的规定来履行纳税义务。税收法定原则强调：纳税主体必须依且仅依法律的规定纳税。

《中华人民共和国立法法》第十一条规定，税种的设立、税率的确定和税收征收管理等税收基本制度只能制定法律。这条规定从法律层面确定了国家开征税种必须通过立法的形式予以确认，这是对国家税收法律地位的保障；同时，这条规定明确了开征税种、税率和征收管理等涉税要素必须制定法律，税款征收机关也只能在法律规定的范围之内对纳税人的纳税事项进行征收管理。税收法定原则强调：税收主体必须依且仅依法律的规定征税。

《全面推进依法行政实施纲要》第五条明确规定："行政机关实施行政管理，应当依照法律、法规、规章的规定进行；没有法律、法规、规章的规定，行政机关不得作出影响公民、法人和其他组织合法权益或者增加公民、法人和其他组织义务的决定。"

《中华人民共和国税收征收管理法》第三条规定："税收的开征、停征以及减税、免税、退税、补税，依照法律的规定执行；法律授权国务院规定的，依照国务院制定的行政法规的规定执行。任何机关、单位和个人不得违反法律、行政法规的规定，擅自作出税收开征、停征以及减税、免税、退税、补税和其他同税收法律、行政法规相抵触的决定。"

《中华人民共和国税收征收管理法》是我国税收征管方面的唯一法律，对现有的法律法规和制度进行了归纳和完善，适应了当前加强税收征收管理的形势，在保障国家税收收入，保护纳税人合法权益，调整税收征纳关系等方面具有积极作用。

《中华人民共和国税收征收管理法实施细则》第三条规定："任何部门、单位和个人作出的与税收法律、行政法规相抵触的决定一律无效，税务机关不得执行，并应当向上级税务机关报告。纳税人应当依照税收法律、行政法规的规定履行纳税义务；其签订的合同、协议等与税收法律、行政法规相抵触的，一律无效。"

《中华人民共和国税收征收管理法实施细则》为税收征管行为提供了准则。其中规定的任何部门、单位和个人作出的与税收法律、行政法规相抵触的决定一律无效，这再一次强调了税收法定原则，特别是强调了下位法必须遵循上位法的规定。明确税务机关不得违背税法、行政法规的规定征收税款，同时纳税人也不用按照与税法、行政法规相悖的规定履行义务。既保障了税法的法律地位，又保护了纳税人的权利。

《税务部门规章制定实施办法》第五条规定："制定税务规章，应当符合上位法的规定，体现职权与责任相统一的原则，切实保障税务行政相对人的合法权益。没有法律或者国务院的行政法规、决定、命令的依据，税务规章不得设定减损税务行政相对人权利或者增加其义务的规范，不得增加本部门的权力或者减少本部门的法定职责。"这条规定明确了制定部门规章的权限，核心是不得扩大税务机关权力或限缩纳税人权利。

三　主要内容

从以上法律规定可以看出，税收法定原则包含两个层面的内容：第一，征税必须有法可依；第二，违反上位法而减损税务行政相对人权利或增加其义务的条款无效。

（一）有法可依

税收法定，包括税种法定、税收要素法定、程序法定三个方面。

1　税种法定

税种法定即开征税种必须由法律予以规定，要执行必须有法律依据，有法律依据则必然执行。《中华人民共和国立法法》中明文规定税种的设立只能通过制定法律，凡需征收的税种须立法，未经立法的税种要废止。

目前，我国现行18个税种中已有14个税种完成立法，分别为《中华人民共和国企业所得税法》《中华人民共和国个人所得税法》《中华人民共和国车船税法》《中华人民共和国环境保护税法》《中华人民共和国烟叶税法》《中

华人民共和国船舶吨税法》《中华人民共和国耕地占用税法》
《中华人民共和国车辆购置税法》《中华人民共和国资源
税法》《中华人民共和国契税法》《中华人民共和国城市
维护建设税法》《中华人民共和国印花税法》《中华人
民共和国关税法》《中华人民共和国增值税法》。

尚未立法的税种为消费税、城镇土地使用税、土地增
值税、房产税等，这些税种的征收由全国人大常委会授权
国务院制定行政法规以暂行条例的方式施行。

2 税收要素法定

税收要素法定，即征税主体、纳税主体、征税对象、
税率、纳税环节、纳税期限和地点、减免税、税务争议，
以及税收法律责任等税收要素应当由法律规定。

《中华人民共和国税收征收管理法》第五条规定："国
务院税务主管部门主管全国税收征收管理工作。各地国家
税务局和地方税务局应当按照国务院规定的税收征收管理
范围分别进行征收管理。"这明确了征税主体是国家税务
总局以及所属的各地税务局。

《中华人民共和国税收征收管理法》第四条规定："法
律、行政法规规定负有纳税义务的单位和个人为纳税人。"
这明确了纳税主体是税法规定的具有纳税义务的单位和个

人。作为调节经济的杠杆，开征不同的税种，有不同的目的，每个税种会规定各自的纳税人。

以下梳理已经立法的税种对纳税人的规定。

《中华人民共和国增值税法》第三条规定："在中华人民共和国境内（以下简称境内）销售、服务、无形资产、不动产（以下称应税交易），以及进口货物的单位和个人（包括个体工商户），为增值税的纳税人，应当依照本法规定缴纳增值税。"

《中华人民共和国企业所得税法》第一条规定："在中华人民共和国境内，企业和其他取得收入的组织（以下统称企业）为企业所得税的纳税人，依照本法的规定缴纳企业所得税。个人独资企业、合伙企业不适用本法。"

《中华人民共和国个人所得税法》第一条规定："在中国境内有住所，或者无住所而一个纳税年度内在中国境内居住累计满一百八十三天的个人，为居民个人。居民个人从中国境内和境外取得的所得，依照本法规定缴纳个人所得税。在中国境内无住所又不居住，或者无住所而一个纳税年度内在中国境内居住累计不满一百八十三天的个人，为非居民个人。非居民个人从中国境内取得的所得，依照本法规定缴纳个人所得税。"

《中华人民共和国车船税法》第一条规定："在中华人民共和国境内属于本法所附《车船税税目税额表》规定

的车辆、船舶（以下简称车船）的所有人或者管理人，为车船税的纳税人，应当依照本法缴纳车船税。"

《中华人民共和国环境保护税法》第二条规定："在中华人民共和国领域和中华人民共和国管辖的其他海域，直接向环境排放应税污染物的企业事业单位和其他生产经营者为环境保护税的纳税人，应当依照本法规定缴纳环境保护税。"

《中华人民共和国烟叶税法》第一条规定："在中华人民共和国境内，依照《中华人民共和国烟草专卖法》的规定收购烟叶的单位为烟叶税的纳税人。纳税人应当依照本法规定缴纳烟叶税。"

《中华人民共和国船舶吨税法》第一条规定："自中华人民共和国境外港口进入境内港口的船舶（以下称应税船舶），应当依照本法缴纳船舶吨税。"

《中华人民共和国耕地占用税法》第二条规定："在中华人民共和国境内占用耕地建设建筑物、构筑物或者从事非农业建设的单位和个人，为耕地占用税的纳税人，应当依照本法规定缴纳耕地占用税。占用耕地建设农田水利设施的，不缴纳耕地占用税。"

《中华人民共和国车辆购置税法》第一条规定："在中华人民共和国境内购置汽车、有轨电车、汽车挂车、排气量超过一百五十毫升的摩托车（以下统称应税车辆）的单位和个人，为车辆购置税的纳税人，应当依照本法规定缴纳车辆购置税。"

《中华人民共和国资源税法》第一条规定："在中华人民共和国领域和中华人民共和国管辖的其他海域开发应税资源的单位和个人，为资源税的纳税人，应当依照本法规定缴纳资源税。"

《中华人民共和国契税法》第一条规定："在中华人民共和国境内转移土地、房屋权属，承受的单位和个人为契税的纳税人，应当依照本法规定缴纳契税。"

《中华人民共和国城市维护建设税法》第一条规定："在中华人民共和国境内缴纳增值税、消费税的单位和个人，为城市维护建设税的纳税人，应当依照本法规定缴纳城市维护建设税。"

《中华人民共和国印花税法》第一条规定："在中华人民共和国境内书立应税凭证、进行证券交易的单位和个人，为印花税的纳税人，应当依照本法规定缴纳印花税。在中华人民共和国境外书立在境内使用的应税凭证的单位和个人，应当依照本法规定缴纳印花税。"

《中华人民共和国关税法》第三条规定："进口货物的收货人、出口货物的发货人、进境物品的携带人或者收件人，是关税的纳税人。"

从已经立法的税种对纳税人的规定可以看出，不同的税种有各自规定的纳税人。纳税人掌握着不同的资源，有着不同的经济行为，从事不同范围的经营，取得形式各异的收入，会成为不同税种的纳税人，履行不同的纳税义务。

从这些规定中还可以看到，除了《中华人民共和国企业所得税法》《中华人民共和国个人所得税法》《中华人民共和国关税法》和《中华人民共和国船舶吨税法》外，都有"××的单位和个人，为（是）××税的纳税人"的表述，与《中华人民共和国税收征收管理法》第四条"法律、行政法规规定负有纳税义务的单位和个人为纳税人"的表述一致。

未使用统一表述方式的四个税种又有差别，其中的差别如下：

《中华人民共和国个人所得税法》没有"××，为××税的纳税人"的表述。《中华人民共和国个人所得税法》的表述是："在中国境内有住所，或者无住所而一个纳税年度内在中国境内居住累计满一百八十三天的个人，为居民个人。居民个人从中国境内和境外取得的所得，依照本法规定缴纳个人所得税。在中国境内无住所又不居住，或者无住所而一个纳税年度内在中国境内居住累计不满一百八十三天的个人，为非居民个人。非居民个人从中国境内取得的所得，依照本法规定缴纳个人所得税。"虽然没有格式性的表述，但可以理解为"××个人，为××

税的纳税人"。

《中华人民共和国企业所得税法》的表述是"××组织（以下统称企业）为企业所得税的纳税人"。《中华人民共和国税收征收管理法》中的"单位"和《中华人民共和国企业所得税法》中的"组织"内涵是否一致，或者"单位"包含"组织"，相关规定都不明确。

《中华人民共和国关税法》的表述是"××人是关税的纳税人"。此处的表述未使用"××的单位和个人，为××税的纳税人"这一格式，但此处的"××人"应理解为"××的单位和个人"。

而《中华人民共和国船舶吨税法》的表述是"自中华人民共和国境外港口进入境内港口的船舶（以下称应税船舶），应当依照本法缴纳船舶吨税"，只能理解为"××船舶，为××税的纳税人"，这是否会与《中华人民共和国税收征收管理法》中的描述不一致？

相关表述是否严谨，值得大家关注。

对于征税对象、税率、纳税环节、纳税期限和地点、减免税，每个税种的规定都很明确，这里不一一列举。

税务争议以及税收法律责任相关规定则主要体现在《中华人民共和国税收征收管理法》中。

3 程序法定

程序法定的基本含义是，税收关系中的实体权利义务得以实现所依据的程序要素必须经法律规定，并且征纳主体各方均须依法定程序行事。

《中华人民共和国税收征收管理法》中对税收的开征、停征，税务登记，账簿、凭证管理，纳税申报，税款征收，以及减税、免税、退税、补税和税务检查等内容及相关程序作出相应规定，要求税务机关的税收征管行为均遵照法定程序执行，不得随意更改或省略。国家税务总局也出台了一些部门规章和规范性文件，对相关事项的操作流程进行规范。

关于企业的设立与注销，《中华人民共和国税收征收管理法》第十五条规定："企业，企业在外地设立的分支机构和从事生产、经营的场所，个体工商户和从事生产、经营的事业单位（以下统称从事生产、经营的纳税人）自领取营业执照之日起三十日内，持有关证件，向税务机关申报办理税务登记。税务机关应当于收到申报的当日办理登记并发给税务登记证件。"第十六条规定："从事生产、经营的纳税人，税务登记内容发生变化的，自工商行政管理机关办理变更登记之日起三十日内或者在向工商行政管理机关申请办理注销登记之前，持有关证件向税务机关申报办理变更或者注销税务登记。"与之相配套，2003年国家税务总局发布了《税务登记管理办法》，并进行了多次修正。各地也相继出台了与之相配套的税务注销管理办法。

关于纳税申报，《中华人民共和国税收征收管理法》第二十五条规定："纳税人必须依照法律、行政法规规定或者税务机关依照法律、行政法规的规定确定的申报期限、申报内容如实办理纳税申报，报送纳税申报表、财务会计报表以及税务机关根据实际需要要求纳税人报送的其他纳税资料。扣缴义务人必须依照法律、行政法规规定或者税务机关依照法律、行政法规的规定确定的申报期限、申报内容如实报送代扣代缴、代收代缴税款报告表以及税务机关根据实际需要要求扣缴义务人报送的其他有关资料。"

《中华人民共和国税收征收管理法》第二十六条规定："纳税人、扣缴义务人可以直接到税务机关办理纳税申报或者报送代扣代缴、代收代缴税款报告表，也可以按照规定采取邮寄、数据电文或者其他方式办理上述申报、报送事项。"

《中华人民共和国税收征收管理法》第二十七条规定："纳税人、扣缴义务人不能按期办理纳税申报或者报送代扣代缴、代收代缴税款报告表的，经税务机关核准，可以延期申报。经核准延期办理前款规定的申报、报送事项的，应当在纳税期内按照上期实际缴纳的税额或者税务机关核定的税额预缴税款，并在核准的延期内办理税款结算。"

国家税务总局还出台了《个人所得税扣缴申报管理办法（试行）》。

针对不同的涉税事项，国家税务总局都出台了相应的管理办法，现国家税务总局网站上公布的各类管理办法超过100个。这些管理办法的出台都是对相应的涉税事项的程序流程予以规范，要求税务机关在执法时按照明确的程序执行。税务机关在税务执法时就必须按照程序执行，违反程序将造成行政无效。

从法律到行政法规，到部门规章，到规范性文件，到地方性规章，我国已经基本建成了税收法律体系。税收法律体系的建成使得征纳双方都有法可依。

（二）上位法优先

在税收执法实践中，为了规范税收管理，国家税务总局会根据税法的相关规定出台部门规章和规范性文件。然后，各地各级税务机关也会出台适应当地情况的地方性规章。在出台这些部门规章、规范性文件和地方性规章时，一般会依据上位法，但有时在根据自身的情况出台相应条款时，会出现突破上位法规定的情况。

《中华人民共和国立法法》第九十一条规定："国务

院各部、委员会、中国人民银行、审计署和具有行政管理职能的直属机构以及法律规定的机构，可以根据法律和国务院的行政法规、决定、命令，在本部门的权限范围内，制定规章。部门规章规定的事项应当属于执行法律或者国务院的行政法规、决定、命令的事项。没有法律或者国务院的行政法规、决定、命令的依据，部门规章不得设定减损公民、法人和其他组织权利或者增加其义务的规范，不得增加本部门的权力或者减少本部门的法定职责。"

《中华人民共和国税收征收管理法》第三条规定："税收的开征、停征以及减税、免税、退税、补税，依照法律的规定执行；法律授权国务院规定的，依照国务院制定的行政法规的规定执行。任何机关、单位和个人不得违反法律、行政法规的规定，擅自作出税收开征、停征以及减税、免税、退税、补税和其他同税收法律、行政法规相抵触的决定。"

《税务部门规章制定实施办法》第五条规定："制定税务规章，应当符合上位法的规定，体现职权与责任相统一的原则，切实保障税务行政相对人的合法权益。没有法律或者国务院的行政法规、决定、命令的依据，税务规章不得设定减损税务行政相对人权利或者增加其义务的规范，不得增加本部门的权力或者减少本部门的法定职责。"

法律规定是明确的。各级税务管理部门依据已制定的税收法律、行政法规制定的部门规章、规范性文件、地方性规章制度都不能违背法律规定，不得增加本部门的权力或者减少本部门的法定职责，不得设定减损税务行政相对人权利或者增加其义务，不得作出和其他同税收法律、行政法规相抵触的决定。税务部门应该在法律赋予的权力范围内制定相关规范，行使职权，贯彻落实法律规定。

1 不得限缩纳税人权益

税法中已对税收相关内容作了明确规定，那么政府部门在后续制定法规、规章制度时就需要在上位法规定范围内对相关内容作出规定，但不得限缩纳税人权益。在规章制度中不能要求纳税人履行超出法定税收义务，不能阻碍纳税人应获得的知情权、参与权等权利，不能蓄意缩短纳税人履行相关流程的期限，相关部门要按照法律规定履行告知纳税人相关规定的义务，保证纳税人依法参与税收执法程序中需要参与的部分，保障纳税人的合法权益。

不得限缩纳税人权益还包含了一层意思，不排除放大纳税人利益。制定各类优惠政策，给予纳税人更大的税收利益，是国家通过税收杠杆来调节国民经济的重要抓手。

（1）关于房产税计税依据

《中华人民共和国房产税暂行条例》第三条规定："房产税依照房产原值一次减除 10% 至 30% 后的余值计算缴

纳。"也就是说房产税的计税依据是房产原值，但是该暂行条例并没有对房产原值作出规定。实操中，一般是以企业会计核算"固定资产"中的房产原值作为计算房产税的计税依据。

《企业会计准则》规定，固定资产是指企业为生产产品、提供劳务、出租或者经营管理而持有的、使用时间超过 12 个月的、价值达到一定标准的非货币性资产，包括房屋、建筑物、机器、机械、运输工具以及其他与生产经营活动有关的设备、器具、工具等。而房产原值是指纳税人按照会计制度规定，在账簿固定资产科目中记载的房产原价（不扣减折旧额）。

《企业会计准则》还明确，以支付土地出让金方式取得土地，取得的是使用权而非所有权，因此，不能计入"固定资产"。土地使用权属于无形资产，根据《企业会计准则》的规定，企业支付土地出让金取得土地使用权的，应当：

借：无形资产——土地使用权

贷：银行存款等科目

《财政部 国家税务总局关于房产税城镇土地使用税有关问题的通知》对计算房产税的计税依据房产原值作出明确规定："对依照房产原值计税的房产，不论是否记载在会计账簿固定资产科目中，均应按照房屋原价计算缴纳房产税。房屋原价应根据国家有关会计制度规定进行核算。

对纳税人未按国家会计制度规定核算并记载的，应按规定予以调整或重新评估。"这条规定就是明确房产原值即房屋原价。

房产原值这条规定应该是防止企业将自建或购买的房产，记入其他会计科目而非固定资产，造成少缴房产税现象。这条规定还明确了房产税的计税依据是"根据国家有关会计制度规定进行核算"的房屋原价。一般理解房屋原价不包括土地价格，而且按照会计制度规定土地价款在"无形资产"中进行核算，不属于"根据国家有关会计制度规定进行核算"的房产原价。

《财政部 国家税务总局关于安置残疾人就业单位城镇土地使用税等政策的通知》规定："对按照房产原值计税的房产，无论会计上如何核算，房产原值均应包含地价，包括为取得土地使用权支付的价款、开发土地发生的成本费用等。宗地容积率低于 0.5 的，按房产建筑面积的 2 倍计算土地面积并据此确定计入房产原值的地价。"该通知有两个重大突破。

其一，"对按照房产原值计税的房产，无论会计上如何核算，房产原值均应包含地价，包括为取得土地使用权支付的价款、开发土地发生的成本费用等"，这突破了原有房产税计税依据"根据国家有关会计制度规定进行核算"的规定，将原有的不属于房产税计税依据的地价并入了房产税的计税依据。

其二，"宗地容积率低于 0.5 的，按房产建筑面积的 2 倍计算土地面积并据此确定计入房产原值的地价"，这突破了对房产原值的规定。因为"宗地容积率低于 0.5"，只有"1"的原值，变成了"2"。这不仅突破了会计制度的相关规定，也突破了《中华人民共和国房产税暂行条例》对房产税计税依据的规定。

（2）关于土地增值税清算单位

《中华人民共和国土地增值税暂行条例实施细则》第八条规定："土地增值税以纳税人房地产成本核算的最基本的核算项目或核算对象为单位计算。"

《国家税务总局关于房地产开发企业土地增值税清算管理有关问题的通知》（国税发〔2006〕187 号）第一条规定："土地增值税以国家有关部门审批的房地产开发项目为单位进行清算，对于分期开发的项目，以分期项目为单位清算。开发项目中同时包含普通住宅和非普通住宅的，应分别计算增值额。"

《湖南省地方税务局关于进一步规范土地增值税管理的公告》（湖南省地方税务局公告 2014 年第 7 号）第二条："土地增值税以国家有关部门审批的房地产开发项目为单位进行清算，原则上以建设工程规划许可证为依据确认清算单位。清算单位应按照普通标准住宅、非普通标准住宅、非住宅类型分类，分别计算增值额、增值率，据此申报土地增值税。"

《中华人民共和国土地增值税暂行条例》没有对土地增值税清算的核算单位作出规定，但《中华人民共和国土地增值税暂行条例实施细则》第八条明确规定："土地增值税以纳税人房地产成本核算的最基本的核算项目或核算对象为单位计算。"而国家税务总局 2006 年发布的国税发187 号文件却明确规定："以国家有关部门审批的房地产开发项目为单位进行清算。对于分期开发的项目，以分期项目为单位清算。开发项目中同时包含普通住宅和非普通住宅的，应分别计算增值额。"

各地税务机关均纷纷下发文件"以国家有关部门审批的房地产开发项目为单位进行清算"，其中湖南省地方税务局公告 2014 年第 7 号规定：原则上以建设工程规划许可证为依据确认清算单位。

从这一组文件可以看出，《中华人民共和国土地增值税暂行条例实施细则》以纳税人房地产成本核算的最基本的核算项目或核算对象为单位计算，清算单位由纳税人确认。

国税发〔2006〕187 号文件规定有了三个变化。

第一，明确"以国家有关部门审批的房地产开发项目为单位进行清算"，对清算单位的确认由纳税人变成了"国家有关部门"。

第二，明确"对于分期开发的项目，以分期项目为单位清算"清算单位变小，变成了以某某项目的第几期为单位清算。

第三，明确"开发项目中同时包含普通住宅和非普通住宅的，应分别计算增值额"。这项规定其实是有上位法基础的，根据《中华人民共和国土地增值税暂行条例》第八条的规定，纳税人建造普通标准住宅出售，增值额未超过扣除项目金额20%的，免征土地增值税。分别计算是为了让纳税人可以确认是否符合享受免征土地增值税的优惠。如果纳税人申请享受优惠则需要分别计算增值额，如果纳税人不申请享受优惠，则不需要分别计算增值额，或者如果没有分别计算增值额则不享受优惠。但这条规定引发了各地税务机关的理解歧义。各地税务机关在下文时进一步明确，"清算单位应按照普通标准住宅、非普通标准住宅、非住宅类型分类，分别计算增值额、增值率，据此申报土地增值税"，清算单位再一次缩小。这是很明显的对上位法条款进行调整、限缩纳税人权益的规定。

（3）关于研发费用加计扣除

根据《中华人民共和国企业所得税法》第三十条的规定，企业开发新技术、新产品、新工艺发生的研究开发费用可以在计算应纳税所得额时加计扣除。

《中华人民共和国企业所得税法实施条例》第九十五条规定："企业所得税法第三十条第（一）项所称研究开发费用的加计扣除，是指企业为开发新技术、新产品、新工艺发生的研究开发费用，未形成无形资产计入当期损益的，在按照规定据实扣除的基础上，按照研究开发费用的 50% 加计扣除；形成无形资产的，按照无形资产成本的 150% 摊销。"

根据《财政部 国家税务总局 科技部关于完善研究开发费用税前加计扣除政策的通知》（财税〔2015〕119 号）的规定，允许加计扣除的研发费用包括：人员人工费用，直接投入费用，折旧费用，无形资产摊销，新产品设计费、新工艺规程制定费、新药研制的临床试验费、勘探开发技术的现场试验费，其他相关费用，财政部和国家税务总局规定的其他费用。

《中华人民共和国企业所得税法》明确开发新技术、新产品、新工艺发生的研究开发费用可以加计扣除，财税〔2015〕119 号文件却明确允许加计扣除的研发费用为其所列举的七项，也就是说七项之外的不允许扣除，限缩了扣除的范围。

（4）关于非营利组织免税收入

根据《中华人民共和国企业所得税法》第二十六条的规定，企业符合条件的非营利组织的收入为免税收入。

《财政部 国家税务总局关于非营利组织企业所得税免税收入问题的通知》（财税〔2009〕122号）规定："非营利组织的下列收入为免税收入：（一）接受其他单位或者个人捐赠的收入；（二）除《中华人民共和国企业所得税法》第七条规定的财政拨款以外的其他政府补助收入，但不包括因政府购买服务取得的收入；（三）按照省级以上民政、财政部门规定收取的会费；（四）不征税收入和免税收入孳生的银行存款利息收入；（五）财政部、国家税务总局规定的其他收入。"

企业所得税法将符合条件的非营利组织的收入列为免税收入，财税〔2009〕122号文件明确非营利组织的五项收入为免税收入，对免税收入进行范围和条件限定，将符合条件的非营利组织的五项收入之外的收入排除在了免税收入之外。可以将这项规定理解为"符合条件的非营利组织的符合条件的收入，为免税收入"。

"符合条件的非营利组织的收入"中"符合条件的"是定义组织还是定义收入？从文字表述上看，既可以理解为"符合条件的……收入"，也可以理解为"符合条件的……组织"。

一般情况下，如果理解为"符合条件的……组织"的收入，那就应该是符合条件的组织的所有收入都属于免税范围，而不应该加以限定。如果理解为"符合条件的……收入"，那么财税〔2009〕122号文件在表述中就不需要加入"非营利组织"，因为只要符合条件"的收入"都可以享受税收优惠，不需要用"非营利组织"进行特殊说明。

（5）关于个人所得税

根据《中华人民共和国个人所得税法实施条例》第六条的规定，个人所得税法规定的各项个人所得的范围包括利息、股息、红利所得，是指个人拥有债权、股权等而取得的利息、股息、红利所得。

《财政部、国家税务总局关于规范个人投资者个人所得税征收管理的通知》（财税〔2003〕158号）指出，关于个人投资者从其投资的企业（个人独资企业、合伙企业除外）借款长期不还的处理问题，纳税年度内个人投资者从其投资企业（个人独资企业、合伙企业除外）借款，在该纳税年度终了后既不归还，又未用于企业生产经营的，其未归还的借款可视为企业对个人投资者的红利分配，依照"利息、股息、红利所得"项目计征个人所得税。

《中华人民共和国个人所得税法实施条例》中规定了个人所得税征收范围内有一项是对"利息、股息、红利所得"征税，是指个人已经获得了"利息、股息、红利所得"时应缴纳个人所得税，但《财政部 国家税务总局关于规范个人投资者个人所得税征收管理的通知》（财税〔2003〕158号）规定："纳税年度内个人投资者从其投资的企业（个人独资企业、合伙企业除外）借款，在该纳税年度终了后既不归还，又未用于企业生产经营的，其未归还的借款可视为企业对个人投资者的红利分配，依照'利息、股息、红利所得'项目计征个人所得税。"在征管实践中，更甚的情况是，该公司其实没有利润可供分配，其个人投资者的借款也依照"利息、股息、红利所得"项目计征了个人所得税。不论借款时间的长短，借款毕竟是借款，既没有进入企业的生产经营成本，也不是利息、股息、红利所得。但借款总是要还的，征税了以后还需不需要还呢？还了以后需不需要退税呢？最重要的是法律没有赋予税务机关对借款征收个人所得税的权利。

2　税务机关不能转嫁自身责任

税法中规定了税务机关享有的权利和应承担的职责。但在地方性法规制定过程中，部分地方可能依据自身实际情况，将税务机关本身应承担的责任转移到纳税人身上，增加了纳税人的负担。由于税法已经对税务机关的职责有了相关规定，并在相关税种法律和税收征收管理法中规定了税务机关在税收征管中应承担的责任和义务，因此税务机关应该依照法律规定执行，不得自行制定与上位法规定相抵触的规章办法，将税务机关自身责任转移到纳税人身上。税务机关应秉持为人民服务的理念承担该承担的义务，不断优化服务方法，减轻纳税人负担。

税务执法实践中涉及税收法定原则的问题，主要是指各级税务机关在制定部门规章、地方规范性文件和地方性规章制度时出现的下位法不遵循上位法规定条款的情形。

（1）关于更改追缴税款责任主体

《中华人民共和国税收征收管理法》第六十九条规定："扣缴义务人应扣未扣、应收而不收税款的，由税务机关向纳税人追缴税款，对扣缴义务人处应扣未扣、应收未收税款百分之五十以上三倍以下的罚款。"

《国家税务总局关于贯彻〈中华人民共和国税收征收管理法〉及其实施细则若干具体问题的通知》（国税发〔2003〕47号）第二条关于扣缴义务人扣缴税款问题指出："扣缴义务人违反征管法及其实施细则规定应扣未扣、应收未收税款的，税务机关除按征管法及其实施细则的有关规定对其给予处罚外，应当责成扣缴义务人限期将应扣未扣、应收未收的税款补扣或补收。"

《中华人民共和国税收征收管理法》中规定对于扣缴义务人应扣未扣、应收未收税款的，由税务机关向纳税人追缴税款。但国家税务总局下发的规范性文件（国税发〔2003〕47 号）中，将扣缴义务人应扣未扣、应收未收税款的，除按征管法及其实施细则的有关规定对其给予处罚外，还将"由税务机关向纳税人追缴税款"的义务，转移到"扣缴义务人"身上，让税务机关责成扣缴义务人限期将应扣未扣、应收未收的税款补扣或补收。

（2）关于走逃（失联）企业开具增值税专用发票

《中华人民共和国增值税暂行条例》第九条规定："纳税人购进货物、劳务、服务、无形资产、不动产，取得的增值税扣税凭证不符合法律、行政法规或者国务院税务主管部门有关规定的，其进项税额不得从销项税额中抵扣。"

《国家税务总局关于异常增值税扣税凭证管理等有关事项的公告》（国家税务总局公告 2019 年第 38 号）规定："现将异常增值税扣税凭证（以下简称'异常凭证'）管理等有关事项公告如下：一、符合下列情形之一的增值税专用发票，列入异常凭证范围：……（二）非正常户纳税人未向税务机关申报或未按规定缴纳税款的增值税专用发票……（五）属于《国家税务总局关于走逃（失联）企业开具增值税专用发票认定处理有关问题的公告》（国家税务总局公告 2016 年第 76 号）第二条第（一）项规定情形的增值税专用发票。""三、增值税一般纳税人取得的增值税专用发票列入异常凭证范围的，应按照以下规定处理：（一）尚未申报抵扣增值税进项税额的，暂不允许抵扣。已经申报抵扣增值税进项税额的，除另有规定外，一律作进项税额转出处理……（五）纳税人对税务机关认定的异常凭证存有异议，可以向主管税务机关提出核实申请。经税务机关核实，符合现行增值税进项税额抵扣或出口退税相关规定的，纳税人可继续申报抵扣或者重新申报出口退税；符合消费税抵扣规定且已缴纳消费税税款的，纳税人可继续申报抵扣消费税税款。"

《中华人民共和国增值税暂行条例》规定不得抵扣的前提是，确认增值税扣税凭证不符合法律、行政法规或者国务院税务主管部门的有关规定。而国家税务总局 2016 年第 76 号公告和 2019 年第 38 号文件是在该增值税抵扣凭证是否合法并不确定的异常凭证情况下，要求购买方进行进项税转出。其中，"非正常户纳税人未向税务机关申报或未按规定缴纳税款的""属于国家税务总局关于走逃（失联）企业开具增值税专用发票"都是因为上游公司未履行纳税义务，但纳税人本身并未违反相关规定。而在后续的工作中，税务机关要求纳税人一律作进项税额转出处理，也就是需要先缴纳税款。虽经核实后可以继续申报抵扣，但在实际操作中，且不说核实的难度有多大，期限有多长，纳税人先得承受缴纳税款的责任。

下游企业在接收票据的时候，已经将包含的税款的价税合计款项支付给了上游企业，已经履行了相应的义务。税务管理的原因造成了上游企业的走逃，造成税款流失，应该是由税务机关去追缴企业走逃带来的税收损失，而不应该让纳税人承担上游企业走逃的未缴税款。从另一个角度理解，即使下游企业存在各种问题，应该是确认企业存在错误和违法行为后由企业承担相应责任，补税罚款滞纳金，而不应该由纳税人承担相应的损失。

前述提及的几组文件内容，都存在着下位法突破上位法的规定。无论是限缩纳税人的权益，还是增加纳税人的责任，都会对纳税人造成影响。

四　税收征管实践案例

案例 1-1

2016 年 8 月 18 日，某市一机动车经营服务有限公司（以下简称"机动车公司"）在该市的区市场监督管理局将公司经营范围依法变更为：提供二手车交易服务，提供代办二手车转移登记、保险、纳税服务。2016 年 8 月 22 日，当地市级国家税务局车辆购置税征收管理分局（以下简称"税务局"）依机动车公司申请，经过审核向该公司发出"税务事项通知书"，通知确认发票种类为二手车销售统一发票，申请类型是增加，每月最高领用数量为 25 份等信息。

2016 年 10 月 19 日，税务局发出关于对机动车公司停供发票的通知，以机动车公司未取得相关备案证明为由，决定从 2016 年 10 月 19 日起对机动车公司停供二手车销售统一发票。

机动车公司不服该决定，诉至当地人民法院。

一审

（1）关于机动车公司是否取得相关备案证

明与税务局职责的关系。机动车公司表示，税务局向其送达停供发票的通知这一行政行为违法，侵犯了当事人的合法权益。税务局没有告知其需在 2016 年 10 月 19 日前提供相关备案证明，且其没有义务提供。机动车公司是否取得备案证明与税务局的职责没有关系。对此，税务局认为，《二手车流通管理办法》是四部委联合下发的文件，四部委各级部门应共同遵守，而不是独立遵守。且机动车公司代理人姚某在办理税务购票事宜时已经向税务机关说明相关备案证明正在办理，待办理完毕后提供，应当说明机动车公司已经知道备案证明的必要性。税务局认为其作出的"停供发票"的行政行为没有侵犯当事人的合法利益。

一审法院认为，根据《中华人民共和国税收征收管理法》第二十一条的规定和《二手车流通管理办法》第七条的规定，税务局对机动车公司经营二手车是否符合条件、取得二手车销售统一发票具有监督管理职责。且认为机动车公司应当提供相关备案证明，证明其具有经营二手车的相关条件，税务局在机动车公司没有提供材料证明其具有二手车经营条件的情况下停止向机动车公司发放发票的行为，并不违反相关法律、法规的规定。

（2）关于税务部门是否有"停供发票"的权力。机动车公司认为，税务局在通知中所依据的《二手车流通管理办法》，没有设定税务局对机动车公司停供发票的权力，没有规定2个月内机动车公司未取得且未向税务局提供备案证明税务局就有权停供发票，没有规定备案证明是领购发票的前置条件。对此，税务局认为《二手车流通管理办法》第七条已经明确四部委各部门在各自的职责范围内行使监督管理权，并且认为《中华人民共和国税收征收管理法》第二十一条赋予了其发票管理权，停供发票是正常行使职责范围内的管理权和监督权。

（3）关于法律法规是否授权停供发票。机

动车公司认为，法律法规没有授权规章具有设定停供发票的权力。税务局违反《中华人民共和国税收征收管理法》第七十二条规定的停供发票的两个法定条件，在没有法律依据和事实证据的情况下，擅自作出停供发票的决定违法。对此，税务局表示，因机动车公司没有取得商务备案，故其行为已违反了《中华人民共和国税收征收管理法》第二十一条关于取得发票的规定，税务局的行政行为维护了《二手车流通管理办法》。

综上，一审法院认为，税务局作出的停供发票决定事实清楚，适用法律正确，程序合法，依法判决驳回机动车公司的诉讼请求。

机动车公司不服判决结果，向当地中级人民法院提起上诉。

二审

（1）关于取得二手车交易市场经营者主体资格后是否应当向商务部门备案的问题。国务院制定的部分政策文件已经取消了非行政许可审批，其法律效力高于《二手车流通管理办法》。机动车公司认为税务局停供发票的行政行为违法，请求法院撤销该行政行为。对此，二审法院认为，《二手车流通管理办法》是用于专门规范二手车经营活动和与二手车相关的活动，其内容与有关法律法规并不相悖。而且机动车公司提到的《国务院关于取消非行政许可审批事项的决定》并不包含《二手车流通管理办法》第三十条规定的备案制度。因此，机动车公司应根据《二手车流通管理办法》第三十条的规定，在取得二手车交易市场经营者主体资格后2个月内到商务主管部门备案。

（2）关于税务局停供发票的行政行为是否符合法律规定的问题。机动车公司表示，税务局停供发票的行为违法。备案证明不是领购发票的前置条件，税务局的行政行为没有法律依据。虽然《中华人民共和国税收征收管理法》第七十二条规定了税务局停供发票的权力和两个前置条

此案例中，税务部门未依据《中华人民共和国税收征收管理法》规定的停供发票适用的两种情形而作出停供发票的处理，属于越权行为。

件程序，但税务局没有依据此条规定，属没有事实依据。

对此，二审法院认为，税务局在没有证据证明机动车公司存在法律规定的税务违法行为，也未按照法律规定的程序对其先行作出处理的情况下，即对机动车公司停供发票，属于证据不足，适用法律错误，且程序违法。同时，二审法院认为，税务局因机动车公司未向商务主管部门备案而对机动车公司作出停供发票的行政行为，属于超越职权作出的行政行为。故二审法院依法判决：撤销一审判决，并撤销当地税务局作出的关于对机动车公司停供发票的通知。

案例 1-1 的焦点在于，是适用《中华人民共和国税收征收管理法》，还是商务部、公安部、工商总局、税务总局四部委联合下发的《二手车流通管理办法》。《二手车流通管理办法》对二手车交易有相关规定，但是并没有停供发票的相关规定。税务机关在执法时没有适用《中华人民共和国税收征收管理法》规定，明显违反了税收法定原则。

案例 1-2

2006 年下半年，某地第一美术高级中学（以下简称"美术中学"）通过国有土地出让程序取得土地使用权，在某市一路段兴建占地面积为 26173.2 平方米、建筑面积为 24321 平方米的校舍房屋。2008 年 10 月 15 日，美术中学（甲方）、淮州中学（乙方）、当地区政府（丙方）三方签订了《美术高中项目整体回收（划拨）合同》。

2013 年 10 月 12 日，当地地方税务局对美术中学税务问题立案稽查，认为美术中学（甲方）、淮州中学（乙方）、当地区政府（丙方）三方签订的合同性质应为不动产转让，应依法申报并缴纳相关税款。因此，地方税务局决定对美术中学征收营业税、城市维护建设税、企业所得税、土地增值税、印花税等合计 330 多万元，另追缴教育费附加 4 万余元。同时作出税务行政处罚决定，以美术中学不进行纳税申报为由，依据《中华人民共和国税收征收管理法》第六十四条第二款对

此案例中，地方税务局对美术中学的判罚缺乏法律依据。征收该项税属于超越职权行为。

其处以不缴纳税款50%的罚款，合计160多万元。并且，基于美术中学拒绝提供账簿凭证及转让资产相关资料，根据《中华人民共和国税收征收管理法》第七十条处以5000元罚款。美术中学就该决定书向淮安地方税务局申请复议，复议决定维持当地地税局的具体行政行为。美术中学对复议决定不服，遂诉至法院。

根据举证材料及相关法律规定，法院认定当地地税局送达程序合法。

（1）关于涉案合同性质及美术中学是否为适格的纳税主体的问题。美术中学表示，其与当地区政府之间系回收划拨关系而非买卖关系，根据国税函〔2008〕277号文件，其不应缴纳营业税，进而也不应该缴纳城市维护建设税。并且，其作为民政部门核准开办的民办非企业法人的教育机构，不应当作为企业所得税的纳税主体，不应缴纳企业所得税。依据《中华人民共和国土地增值税暂行条例》的规定：因国家建筑需要依法征收、收回房地产的，免征土地增值税。美术中学与当地区政府之间系征收、收回房地产关系，故其不应缴纳土地增值税。

对此，当地地税局表示，涉案合同性质应为不动产转让，只有当地市政府才拥有对该案所涉土地使用权的收回权，当地区政府无权收回，所以美术中学应该按相关税收法律规定缴纳不动产交易的相关税收。并且，根据法律规定，美术中学应依法申报并交纳营业税、城市维护建设税、企业所得税、土地增值税、印花税等合计330多万元，另应缴纳教育费附加，基于美术中学未缴纳330多万元税款，当地地税局依法对美术中学处以不缴纳税款50%的罚款，并基于美术中学拒绝提供账簿凭证及转让资产相关资料处以5000元罚款。

法院认为，收回涉案项目行为系政府主导的政府行为，当地地税局确认据以征税并罚款的"美术中学系销售不动产的事实"不能成立，认为当地地税局基于合同系不动产买卖性质征收的税收无事实及法律依据。同时，关于税款征收，根据国税函〔2008〕277号文件相关内容，涉案合同是当地区政府主导的项目回收合同，应认定是地方政府收回土地使用权的正式文件，故美术中学依据该合同取得的收入可以免交营业税及相应的城市维护建设税、教育费附加。依据《中华人民共和国土地增值税暂行条例》第八条的规定，鉴于涉案项目系当地区政府整体回收以及该省淮洲中学的公办性质，合同性质为政府因国家建设收回房地产，故可免征土地增值税。

（2）关于当地地税局是否有权向美术中学征收涉案企业所得税的问题。法院认为，根据国税发〔2002〕第8号文件的规定，应该认定涉案企业所得税由国税部门征收，该地税局征收该项税属于超越职权行为。

法院以当地地税局征收相关税款缺乏法律依据、作出的行政处罚亦缺乏事实依据及法律依据为由，依法判决撤销该地方税务局作出的税务行政处罚决定书。

　　美术中学是否有纳税义务，关键在于美术中学、淮州中学、当地区政府三方签署的土地回收合同是否被认定为房地产转让。所有证据都表明此行为是当地区政府收回土地，税务机关看到的是美术中学将房地产转让给了淮州中学，认为三方提供的合同是形式，而转让行为是实质。对司法部门来说，证据呈现的结果更能被接受，或者说，举证人必须有足够的证据证明行政相对人的证据瑕疵，否则会被认定为事实不清，证据不足。

五 实质重于形式的冲突

实质重于形式原本是会计学定义，其含义为要求企业按照交易或者事项的经济实质进行会计核算，而不应当仅仅以它们的法律形式作为会计核算的依据。但在税收实践中，将会计学的概念适用于法律，与法律上"证据重于实质"存在冲突。

税法是法律，甚至可以说是对公民影响最大的法律。法律注重证据的重要性，将证据证明的事实作为司法判决的重要依据之一。法律将事实分为法律事实和客观事实。

法律事实在法理层面是指法律规范所规定的、能够引起法律关系产生、变更和消灭的客观情况或现象，能被证据所证明；客观事实是指客观存在的情况。用证据证明的法律事实，如果与客观事实相符合，那么就会对案件处以公正判决，但如果法律采信的证据与客观事实不一致，那么就有可能产生与客观事实不一致的判罚。

（一）融资租赁和售后回购

融资租赁和售后回购在财务处理中都被要求遵循"实质重于形式"的逻辑。

融资租赁固定资产是指企业由于资金不足，或因资金周转暂时困难，或为了减少投资风险，借助于租赁公司或其他金融机构的资金而购入的固定资产。在租赁期间，承租者只具有使用权，但这种租赁的时间可以延长，有的租赁在达到使用年限后，承租者也具有优先购买权。虽然从法律形式上讲企业并不拥有其所有权，但从其经济实质来看，企业能够控制其创造的未来经济利益，承租方相当于购入了固定资产。

售后回购是一种特殊形式的销售业务，是指销售商品的同时，销售方同意日后重新买回所销商品。即销售方在销售商品的同时，与购货方签订合同，规定日后按照合同条款（如回购价格等内容），将售出的商品重新买回的一种交易方式。在货物购回之前，从当时情况来看，在办理完交易手续后，货物的所有权已经转移到购买方。但从实质上讲，由于补充协议规定了出售方后续会购回所出售的商品，所以出售方实质上仍然要承担该商品所有权上的主要风险和报酬。售后回购只是企业的一种融资行为。通常情况下，在售后回购业务中，所售商品所有权上的主要风险和报酬没有从销售方转移到购货方，因而会计处理上销售方不能确认相关的销售商品收入，而被要求按照"实质重于形式"视同融资进行账务处理。

在会计处理上，融资租赁和售后回购都被要求按照"实质重于形式"进行处理，在税收实践中，却有不同的处理意见，并没有完全遵循这一原则。

《中华人民共和国企业所得税法实施条例》第四十七条规定："以融资租赁方式租入固定资产发生的租赁费支出，按照规定构成融资租入固定资产价值的部分应当提取折旧费用，分期扣除。"

《国家税务总局关于确认企业所得税收入若干问题的通知》（国税函〔2008〕875号）指出："采用售后回购方式销售商品的，销售的商品按售价确认收入，回购的商品作为购进商品处理。有证据表明不符合销售收入确认条件的，如以销售商品方式进行融资，收到的款项应确认为负债，回购价格大于原售价的，差额应在回购期间确认为利息费用。"

从以上两条规定可以看出，同样地适用"实质重于形式"的会计处理，在税务处理上都是区别对待的，"实质重于形式"并不是必然的。

（二）代持股权的收回

代持股权的收回是指张三收回委托李四持有的股权。呈现的形式是李四持有股权，将股权转让给张三，但其实质是张三拿回本属于自己的股权，其中并没有交易过程，张三没有取得收益。没有收益在法理上应该是不征税的。按照"实质重于形式"的逻辑，对该行为就不应该征税。但在涉税实践中，无论是否代持，无论你能提供什么样的证据证明属于股权代持，都需要就股权交易缴纳税款。在这种情形下，税务机关也没有遵循"实质重于形式"的逻辑，而是"形式重于实质"。

（三）以转让股权名义转让房地产行为

《中华人民共和国土地增值税暂行条例》规定："转让国有土地使用权、地上的建筑物及其附着物（以下简称转让房地产）并取得收入的单位和个人，为土地增值税的纳税义务人（以下简称纳税人），应当依照本条例缴纳土地增值税。"规定明确对转让房地产征收土地增值税，没有任何对股权转让征收土地增值税的表述。

《国家税务总局关于以转让股权名义转让房地产行为征收土地增值税问题的批复》（国税函〔2000〕687号）的出台突破了土地增值税暂行条例的规定。国税函〔2000〕687号文件作为国家税务总局颁布的部门规范性文件，明显不合理地扩大了《中华人民共和国土地增值税暂行条例》对纳税义务人和征税范围的界定，将"转让房地产的行为"扩大为"企业股权转让行为"，合法性依据不足。该文件出台后，各地税务机关相继出台了相关政策。如湖南省地税局后续出台的湘地税财行便函〔2015〕3号文件指出，对于控股股东以转让股权为名，实质转让房地产并取得了相应经济利益的，应比照国税函〔2000〕687号文件等，依法缴纳土地增值税。在涉税实践中，在回应纳税人对该文件的质疑时，大多数税务机关将此规定解释为以转让股权名义转让房地产应遵循"实质重于形式"原则。而国家税务总局在2011年又以国税函的形式将该规定的理由予以了明确。《国家税务总局关于天津泰达恒生转让土地使用权土地增值税征缴问题的批复》（国税函〔2011〕415号）指出："经研究，同意你局关于'北京国泰恒生投资有限公司利用股权转让方式让渡土地使用权，实质是房地产交易行为'的认定，应依照《中华人民共和国土地增值税暂行条例》的规定，征收土地增值税。"

国税函〔2000〕687号文件的规定，明显与其上位法《中华人民共和国土地增值税暂行条例》的规定不一致。根据《最高人民法院关于印发〈关于审理行政案件适用法律规范问题的座谈会纪要〉的通知》（法〔2004〕96号）的规定，如"下位法以参照、准用等方式扩大或者限缩上位法规定的义务或者义务主体的范围、性质或者条件"，下位法不符合上位法，人民法院原则上应当适用上位法。如果滥用"实质重于形式"原则，不仅会损害纳税人的合法权益，同时也会增加税务机关的执法风险。

也有人将"实质重于形式"与实质课税原则混为一谈，这显然是没有分清立法原则和执法原则。实质课税原则属于立法原则，它是指在某类经济行为的业务表现和实质存在差异且业务表现不属于征税范围时，应以其经济行为的实质是否有纳税义务来判定是否应征税。这种判定应该以法律的形式确认，如果没有以法律的形式进行确认，就不能对这类经济行为征税。

六　小结

税收法定原则，其内容包含以下三个方面：

一是税种法定。即税种必须由法律予以规定；一个税种必定对应某个税种法律；非经税种法律规定，征税主体没有征税权力，纳税主体不负缴纳义务。这是发生税收关系的法律前提，是税收法定原则的首要内容。

二是税收要素法定。即税收要素必须由法律明确规定。所谓税收要素，具体包括征税主体、纳税主体、征税对象、税率、纳税环节、纳税期限和地点、减免税、税务争议以及税收法律责任等内容。税收要素是税收关系得以具体化的客观标准，是其得以全面展开的法律依据。

三是程序法定。其基本含义是税收关系中的实体权利义务得以实现所依据的程序要素必须经法律规定，并且征纳主体双方均须依法定程序行事。对于征收方式及账簿、发票等的管理进一步规范了征税纳税的行为，使征收程序更加严谨、明确。只有当实体和程序两方面都有法律予以保障时，才能保证最终的税收公平，提高政府的治税能力，发挥税收作为一种国家治理途径的作用。

强调税收法定，符合我国宪法尊重和保障纳税人基本权利的精神，符合全面深化改革与法治中国建设的趋势，也符合市场经济对税法的权威性和稳定性的要求，对于保障公民财产权益、维护社会经济稳定、促进收入公平分配具有不可替代的重要作用。税收法定原则要求：首先，必须牢固树立法定理念，深入挖掘税收法定原则所蕴含的民主、法治和人权精神，确保税收工作的公正性和透明度。其次，不断完善税收法律制度，通过严格的法律制度来明确和体现税收法定原则，为税收征收提供明确的法律依据。最后，认真落实立法规划，改进立法程序，确保税法的科学性、系统性和适用性，从而有利于保障社会和谐稳定。

税收法定原则侧重于保证征税、纳税的依法进行，从而保护纳税人私有财产不受行政权力的侵害，不断夯实税收法定的法律基础，不断建立健全税收法律法规体系，让税收法定落到实处。

　　坚持税收法定原则，要不断增强税收法律意识，不断完善税收体系。目前我国税收法律体系尚未完善，导致税收执法过程中会出现偏差，不利于税收职能的履行。同时，在实际应用中存在着税法同其他法律不协调的现象，要梳理和解决税法同其他法律的不协调问题。只有落实税收法定原则，才能避免多征、乱征现象，维护税法的威严，将权力关进制度的笼子、税法的笼子中。

　　为保证税收的正常有序，要加快税收立法进程，在税收立法和修订的过程中明确规定征税的各项要素以及相应的程序保障手段。各级税务机关在规划、设计以及实施相关税收政策和流程时，必须对其合法性进行全面的、严格的审核，任何税收政策和流程都不能与其上位法产生冲突或违背其规定。同时要规范税收立法，下位法不得作出违背上位法的规定。

第 **2** 章

程序合规原则

☆ 告知程序合规,

☆ 检查程序合规,

☆ 听证程序合规,

☆ 复议程序合规。

一 基本含义

程序合规原则，指税收关系中的权利义务得以实现所依据的程序要素必须经法律规定，并且征纳主体均须依法定程序行事。税收执法程序主要包括税务公开制度、税务相关人员回避制度、税务听证制度、税务相对人参加制度和时效制度等。

在税收法定原则中有一项重要内容是程序法定。在现有税务法律体系中，对各类税务执法的相关程序都作了明确规定。税务机关在执法过程中应该按照法律规定的执法程序进行，确保执法程序合规。而在实际生活中，经常会出现税务机关在执法过程中程序不合规的问题，影响税收执法结果的有效性。

程序法定的核心就是要求执法过程程序合规。税收执法行为的程序性事项是司法审查和复议审查的重要内容。税务机关在税收执法过程中违反法定程序的，其所作出的税收执法决定存在合法性缺陷，依法应予以撤销。违反法定程序作为行政行为的撤销或确认违反的理由之一，主要是因为行政机关在行政执法过程中如果违反了法定程序，极有可能会侵害行政相对人的合法权益。所以在司法实践中，只要税务机关执法行为违反法定程序就会被撤销。由此可见税收执法程序合规的重要性。

正如马克思所说："程序是法律的生命形式，是法律内在生命的表现。"国家通过法律程序来严格规范法律的运行过程，法律程序也成为国家各级行政机关、全体公民共同贯彻法律、执行法律、监督法律不可或缺的重要机制。程序是法律适用环节的保障，为司法提供判决依据。在法律层面上，程序合规是确认法律适用过程的正确和最终审判结果公正的前提条件。

二　法律基础

《全面推进依法行政实施纲要》（国发〔2004〕10号）第三条第五项规定："行政机关实施行政管理，除涉及国家秘密和依法受到保护的商业秘密、个人隐私的外，应当公开，注意听取公民、法人和其他组织的意见；要严格遵循法定程序，依法保障行政管理相对人、利害关系人的知情权、参与权和救济权。"该条文明确指出，程序正当是依法行政的基本要求，所有行政管理都应遵循法定程序。

《中华人民共和国行政许可法》第四条规定："设定和实施行政许可，应依照法定权限、范围、条件和程序。"第六十九条规定："有下列情形之一的，作出行政许可决定的行政机关或者其上级行政机关，根据利害关系人的请求或者依据职权，可以撤销行政许可：……（三）违反法定程序作出准予行政许可决定的……"

《中华人民共和国行政复议法》第六十四条规定，行政复议机关对违反法定程序的具体行政行为，可以决定撤销或者部分撤销该行政行为，并可以责令被申请人在一定期限内重新作出具体行政行为。

《中华人民共和国行政处罚法》第三十八条规定："违反法定程序构成重大且明显违法的，行政处罚无效。"

《中华人民共和国行政诉讼法》第七十条规定："行政行为有下列情形之一的，人民法院判决撤销或者部分撤销，并可以判决被告重新作出行政行为：……（三）违反法定程序的……"第九十一条规定："当事人的申请符合下列情形之一的，人民法院应当再审：……（五）违反法律规定的诉讼程序，可能影响公正审判的……"

这些法律的规定都体现了对于行政程序的重视，也体现程序合规的重要程度。

《税务稽查案件办理程序规定》（2021 年国家税务总局令第 52 号）第十条规定："税务稽查人员应当遵守工作纪律，恪守职业道德，不得有下列行为：（一）违反法定程序、超越权限行使职权……"第十六条规定："检查应当依照法定权限和程序，采取实地检查、调取账簿资料、询问、查询存款账户或者储蓄存款、异地协查等方法。"第十七条规定："检查应当依照法定权限和程序收集证据材料。收集的证据必须经查证属实，并与证明事项相关联。不得以下列方式收集、获取证据材料：（一）严重违反法定程序收集……"第三十八条规定："有下列情形之一的，应当补正或者补充调查：……（二）不符合法定程序的……"

《税务稽查案件办理程序规定》中明确税务稽查人员不能违反法定程序、超越权限行使职权，不得违反法定程序收集、获取证据材料，当发现案件中有不符合法定程序的内容时应当补正或者补充调查。进一步明确在税务稽查案件办理中，税务稽查人员要按照法定程序办理，确保案件证据材料以合法程序取得，以保障最终稽查结果的准确性和合法性。

三 主要内容

税收执法程序是税收征收主体实施税款征收行为和纳税人实施税款缴纳行为的运行程序。税收执法程序的主体是征税机关和纳税人，税收行为包括征税机关的征收行为和纳税人的缴纳行为。税收执法程序分为征税机关的税收征收程序和纳税人的税款缴纳程序。而在税收执法程序中要坚持程序正义，体现国家和社会对公民人权的保护和尊重，体现法律对立法、司法、行政等公权力机关的严格制约，更体现全社会对司法程序的敬畏、遵守和执行。

"正义不仅应得到实现，而且要以人们看得见的方式加以实现"，而程序正义也被视为"看得见的正义"。程序正义是对法律本身应有的尊重，程序正义有利于强化司法权威，让人们更加尊重、更好遵守法律，有助于减少社会公正实现过程中的技术性事务，为实体公正提供有力保障。只有依照程序执行法律规定，才能真正维护公民的利益，实现程序正义作用最大化。

（一）履行告知义务

税务案件或纠纷的利害关系人都有机会进入办案程

序，充分表达自己的利益诉求和意见主张，为解决纠纷发挥作用。在进入执法程序时，税务机关要充分保证纳税人的参与性，保障纳税人的程序性权利。因而税务机关在执法时应严格履行告知程序，在进行监督检查、调查取证、采取强制措施、送达执法文书等执法活动时，应主动出示执法证件，向当事人及相关人员表明身份。并且，要出具行政执法文书，主动告知当事人执法事由、执法依据、权利义务等内容。税务机关在对纳税人作出行政行为时，需要履行对纳税人的告知义务，说明作出税收行政行为的理由，纳税人需要协助税收征管机关履行哪些义务，纳税人行使实体和程序权利的时间、方式、步骤等，确保纳税人知晓自己所享有的程序权利。但在实际的税务执法程序履行过程中，税务机关往往存在未能充分保障纳税人参与权利的情况，存在该告知的情况不告知或告知内容不完整，告知手续不完备等现象，纳税人有时并不清楚自己在税务执法程序中所依法享有的权利，无法应对税务机关作出的行政决定。当纳税人提出新的事实及证据时，税务机关采纳与否的决定有时较为随意，有时为了省事就忽略了纳税人的意见，导致纳税人的权利被忽视，影响程序公正性。

《税务稽查案件办理程序规定》（2021年国家税务总局令第52号）第十五条规定："检查前，稽查局应当告知被查对象检查时间、需要准备的资料等，但预先通知有碍检查的除外。"基于此，税务机关应该履行各项告知义务，在执法前告知纳税人相关检查信息及需要准备的资料，在执法过程中告知纳税人检查结果，当作出处理决定时需告知纳税人其享受的各项权利，确保纳税人对于各项税务检查内容的知晓，保障纳税人的权益。

税务机关的文书送达有一套程序规定，税务机关在履行程序时应按照法律规定执行。文书送达程序对于税务机关送达税务文书的送达人、送达回证、送达日期等内容均有明文规定，为税务机关履行文书送达程序提供了法律基础。但在实际的程序履行过程中，税务机关往往容易忽视文书送达的时间，未按时间送达相应的税务文书；在送达文书时会在送达方式未核实的情况下直接采取公告送达文书的方式，使得文书未实际送达当事人，出现程序缺陷。税务机关在履行程序的过程中出现的这些问题都会影响最终的税务执法结果，需要税务机关引起重视，转变税务执法程序履行的随意性，严格按照规定执行。

《中华人民共和国税收征收管理法实施细则》第一百零一条规定："税务机关送达税务文书，应当直接送交受送达人。受送达人是公民的，应当由本人直接签收；本人不在的，交其同住成年家属签收。受送达人是法人或者其他组织的，应当由法人的法定代表人、其他组织的主要负责人或者该法人、组织的财务负责人、负责收件的人签收。

受送达人有代理人的，可以送交其代理人签收。"

同时，第一百零二条、第一百零三条、第一百零四条、第一百零五条、第一百零六条还就各种情况如何送达、如何取得回执作了明确规定。

（二）检查程序合规

税务机关是否严格遵循法律规定的税收执法程序，决定着税务机关作出的税务稽查处罚结果的有效性。为确保最终的稽查结果及其处罚决定有效，税务机关在日常执法管理中应该按照法定税收执法程序来执行，不得随意更改执法程序或省略执法程序，以使得最终作出的税务处罚决定具有法律效力，保障国家利益和纳税人参与税收管理的权利。税务机关在执法检查过程中，要依照法定权限和程序，采取合适的检查方法，并搜集能够证明案件事实的证据材料，搜集的证据材料应当真实，与所证明的事项相关联，注意调查取证时不得违反法定程序搜集证据材料。同时，在检查过程中，应该按照检查程序完成各项检查流程，及时记录案件事实，归集相关证据材料，制作完成税务稽查报告等材料，以合法合规方式完成检查工作。若税务机关未遵照法律规定执行税收执法程序，如在实施行政处罚时图省事，该适用一般程序的却适用简单程序，或不按程序履行职责等，则会使税务机关的执法效力大打折扣，甚至引起不必要的税企纠纷。所以税务机关在执法过程中，要做到税收检查程序合规，如执法前出示相关检查证件，保证执法流程到位。同时，在执法取证时要采取合规合法方式取得正当证据，确保证据的正当性和可采信度。

（三）听证及复议程序合规

《中华人民共和国行政处罚法》第四十四条规定："行政机关在作出行政处罚决定之前，应当告知当事人拟作出的行政处罚内容及事实、理由、依据，并告知当事人依法享有的陈述、申辩、要求听证等权利。"

《中华人民共和国行政处罚法》第六十三条规定："行政机关拟作出下列行政处罚决定，应当告知当事人有要求听证的权利，当事人要求听证的，行政机关应当组织听证：（一）较大数额罚款；（二）没收较大数额违法所得、没收较大价值非法财物；（三）降低资质等级、吊销许可证件；（四）责令停产停业、责令关闭、限制从业；（五）其他较重的行政处罚；（六）法律、法规、规章规定的其他情形。当事人不承担行政机关组织听证的费用。"

《中华人民共和国行政处罚法》第六十四条规定："听证应当依照以下程序组织：（一）当事人要求听证的，应当在行政机关告知后五日内提出；（二）行政机关应当在举行听证的七日前，通知当事人及有关人员听证的时间、地点；（三）除涉及国家秘密、商业秘密或者个人隐私依法予以保密外，听证公开举行；（四）听证由行政机关指定的非本案调查人员主持；当事人认为主持人与本案有直接利害关系的，有权申请回避；（五）当事人可以亲自参加听证，也可以委托一至二人代理；（六）当事人及其代理人无正当理由拒不出席听证或者未经许可中途退出听证的，视为放弃听证权利，行政机关终止听证；（七）举行听证时，调查人员提出当事人违法的事实、证据和行政处罚建议，当事人进行申辩和质证；（八）听证应当制作笔录。笔录应当交当事人或者其代理人核对无误后签字或者盖章。当事人或者其代理人拒绝签字或者盖章的，由听证主持人在笔录中注明。"

《税务稽查案件办理程序规定》第三十九条规定："拟对被查对象或者其他涉税当事人作出税务行政处罚的，应当向其送达税务行政处罚事项告知书，告知其依法享有陈述、申辩及要求听证的权利。"第四十一条规定："被查对象或者其他涉税当事人按照法律、法规、规章要求听证的，应当依法组织听证。"

《税务行政处罚听证程序实施办法（试行）》（国税发〔1996〕190号）第五条规定："税务机关应当在收到

当事人听证要求后 15 日内举行听证，并在举行听证的 7 日前将《税务行政处罚听证通知书》送达当事人，通知当事人举行听证的时间、地点，听证主持人的姓名及有关事项。当事人由于不可抗力或者其他特殊情况而耽误提出听证期限的，在障碍消除后 5 日以内，可以申请延长期限。申请是否准许，由组织听证的税务机关决定。"

听证程序是行政机关为查清案件事实，公正合理地实施行政处罚，在作出行政处罚决定前通过公开举行有利害关系人参加的听证会来广泛听取意见的程序。有关法律规定要保障当事人申请听证的权利，充分听取相对人的陈述、申辩。听证程序的建立有利于保障纳税人的权利，听取纳税人的声音。税务机关通过公开、合理的程序将行政决定建立在合法适当的基础上，避免行政决定给纳税人带来不利或不公正的影响，从而有利于实现行政管理公平、公正这一崇高的价值目标。但是现实执法中，税务机关存在听证程序履行不到位的问题。如未按照纳税人要求举办听证会，举办了听证会却缩短了通知听证会时间或修改了其他听证程序。税务机关在听证程序方面的不到位，属于税务机关履职不当，该行为未能很好地保障纳税人陈述、申辩的权利，不利于构建税务机关和纳税人之间的良好关系。

同时，税务行政复议中也十分注重听证程序，《税务行政复议规则》第六十四条规定："行政复议原则上采用书面审查的办法，但是申请人提出要求或者行政复议机构认为有必要时，应当听取申请人、被申请人和第三人的意见，并可以向有关组织和人员调查了解情况。"第六十五条规定："对重大、复杂的案件，申请人提出要求或者行政复议机构认为必要时，可以采取听证的方式审理。"

　　合规的税务复议程序是保障纳税人合法权益的重要方式。当纳税人对税务机关的具体行政行为存有疑议时，通过合规的复议程序，纳税人可以提出自己的诉求和理由，并有机会得到公正、公平的裁决。且合规的税务复议程序也有助于促进税务机关依法行政和提高执法水平，提升税务机关的公信力。

　　基于此，征税机关在主动启动和推进税收执法程序的过程中，应认真实行参与原则，通过提出申请、陈述和申辩、参与听证等方式，为纳税人参与到税收执法程序中创造机会和条件，使征税机关和纳税人之间产生良性互动，从而影响作出征税决定的过程和决定内容。因此，税收执法程序不仅是征税机关作出征税决定的操作步骤，同时还是以税收相对人的程序权利制约征税权力滥用，保障纳税人基本权利的重要制度。

四　税企争议实践案例

在税企争议案件中，存在许多因税务机关告知义务履行不到位、检查程序履行不到位、听证及复议程序执行不到位等问题而导致法院判决税务机关的税务处理决定失效的情况，所以税务机关应更加重视告知程序、文书送达程序、听证程序等执法程序的合规性，避免因程序不合规而导致处理决定有效性的丧失。

案例 2-1

2009 年 11 月，马某将位于某县城关镇新潢桥北头环城东路的一处门面楼租赁给他人经营。2013 年 8 月 2 日，该县地税局稽查局（以下简称"稽查局"）认定马某取得房租收入 120 万元未申报纳税，存在偷税行为，作出了税务处理决定，并于同日发出了税务行政处罚事项告知书。马某提出听证申请后，2013 年 8 月 14 日，稽查局向马某发出了税务行政处罚听证通知书，告知"于

2013 年 8 月 19 日 15 时在本局三楼会议室举行听证"。听证结束后，稽查局于 2013 年 10 月 15 日向马某发出了税务行政处罚决定书。

马某不服，提起诉讼。

马某认为，稽查局针对其未进行纳税申报的违法行为，作出的税务行政处罚决定，是稽查局再次就同一事实作出税务行政处罚决定。稽查局在该次行政处罚中，为使得其不参与行政处罚的申辩、陈述以及申请听证程序，并意图使其丧失行政复议或行政诉讼的救济途径，违反法定程序，在能以电话通知、邮寄等方式向其送达文书的情况下，采取在地方报刊《信阳日报》以公告方式送达，认为稽查局程序严重违法。对此，稽查局认为，在法院已对该案进行判决的情况下，其已补足并完善了处罚程序，依法重新作出了行政处罚。马某没有申请行政复议，也没有提起行政诉讼。逾期未主动履行处罚决定，该案已经进入执行程序，其诉讼请求不受法律保护。

　　一审法院认为，稽查局在送达对马某作出的税务文书时，均采用公告送达的方式进行。但稽查局没有提供证明其采取了直接送达、邮寄送达、委托送达等法律规定的送达方式无法送达的证据，因此稽查局在向马某送达税务处罚事项告知书及处罚决定书时，直接采取公告送达，违反了法定程序。同时，对于稽查局认为税务行政处罚决定已进入执行程序、马某的诉讼请求不受法律保护的主张，因稽查局送达文书违反法定程序，法院不予支持。

　　另外，该案在税务行政处罚决定书事实认定是否清楚、法律适用是否正确方面也有争议。一审法院认为，稽查局在行政处罚决定书中告知马某向人民法院提起诉讼的期限为三个月，限制了马某的诉权，不符合《中华人民共和国行政诉讼法》第四十六条的规定。综上，一审法院以稽查局作出的税务行政处罚决定违反法定程序为由，依法判决撤销稽查局对马某作出的税务行政处罚决定书。

　　稽查局不服一审判决，向该市中级人民法院提起上诉。

　　二审时，稽查局表示，马某确实存在应当被处罚的税收违法行为。其重新作出的行政处罚决定，因马某长期不在户籍所在地、工作单位注册地，且拒不接听电话，导致其作出的税务行政处罚事项告知书、税务行政处罚决定书无法通过直接、留置、邮寄方式送达，其公告送达方式合法。

　　马某表示，一审判决认定稽查局税务文书送达程序违法并判决撤销行政处罚决定正确；一审认定稽查局作出行政处罚决定适用法律不当，其应依法适用《中华人民共和国税收征收管理法》第六十二条，却错误地适用了该法第六十四条第二款。请求驳回上诉，维持原判。

　　二审法院认为，稽查局在向马某送达税务处罚事项告知书及处罚决定书时，直接采取公告方式，违反了法定程序。且稽查局在行政处罚决定书中告知马某向人民法院提起诉讼的期限为三个

> 月，亦不符合相关规定。一审认定事实清楚，适
> 用法律正确，依法应予维持。故，二审法院依法
> 判决驳回上诉，维持原判。

　　该案中，税务机关在一审、二审中均败诉，都是因为税务行政执法程序错误。稽查局在向马某送达税务处罚事项告知书及处罚决定书时，没有提供证明其采取了直接送达、邮寄送达、委托送达等法律规定的送达方式无法送达的证据，直接采取公告方式，违反了法定程序。且在行政处罚决定书中告知马某向人民法院提起诉讼的期限为三个月，亦不符合相关规定，属于明显瑕疵。

案例 2 - 2

2014 年，某市香坊区地税局（以下简称"地税局"）对某工程局集团有限公司第一分公司（以下简称"工程局分公司"）实施税务检查。2015 年 12 月 30 日，地税局认定工程局分公司取得虚开发票虚假列支成本构成偷税，对工程局分公司作出了税务行政处罚事项告知书，告知工程局分公司依法享有陈述、申辩、要求听证的权利，但告知书未送到。2016 年 1 月 8 日，地税局对工程局分公司作出了税务行政处罚决定书，同日地税局指派税务机关检查人员到达工程局分公司办公场所，将税务行政处罚事项告知书及税务行政处罚决定书一起送达，工程局分公司的法定代表人在两份文书的送达回证上均签字并注明日期。工程局分公司不服，提起诉讼。

工程局分公司认为地税局的行政行为违反法定程序。地税局于 2015 年 12 月 30 日作出税务行政处罚事项告知书，其中载明"拟于 2015

年 12 月 31 日之前作出行政处罚决定"，实际上只给工程局分公司留下几个小时行使陈述申辩权利，这等于在事实上剥夺了工程局分公司的合法权益，严重违反法定程序。此外，地税局在进行稽查的过程中违法让举报人参加查账过程，严重侵犯了工程局分公司的商业机密，没有履行保护纳税人商业机密的法定义务。

对此，地税局表示该行政处罚符合法定的程序。地税局依法向工程局分公司送达了处罚事项告知书，并依法履行了告知行政处罚的事实依据等事项。

一审法院表示，地税局未提交证明 2016 年 1 月 8 日为工程局分公司送达告知书的程序合法的证据，即有见证人签名并记载受送达人拒收事由及日期的送达回证，以及拍照、录像等证据。地税局的文书送达程序不符合《中华人民共和国民事诉讼法》第八十六条的规定，该告知书在 2016 年 1 月 8 日送达程序不成立。并且，地税局虽在税务行政处罚事项告知书中写明工程局分公司有陈述、申辩及要求举行听证的权利，但工程局分公司在同一时间签收税务行政处罚事项告知书、税务行政处罚决定书，说明地税局未给予工程局分公司充分行使陈述、申辩及要求举行听证的权利的时间，违反了相关法律规定，所作被诉行政处罚决定无效。故，一审法院依法判决地税局作出的税务行政处罚决定无效。

从该案中可以看出，法院关注的税企争议焦点包括程序的合规，包含了是否进行告知，文书送达的程序是否符合规范要求，以及适用法律是否恰当。在同一时间签收税务行政处罚事项告知书、税务行政处罚决定书，说明税务机关未给予纳税人充分行使陈述、申辩及要求举行听证的权利的时间，明显违反了相关法律规定。法院认为文书送达程序不成立，则是因为税务机关在送达过程中取证不利。而这些情况在实际涉税执法过程中并不罕见，主要原因是税务机关对执法程序重视不够。

案例 2 - 3

2013 年 8 月 21 日，某市国税局东区稽查局（以下简称"东区稽查局"）对当地一家船舶修造工程公司（以下简称"船舶公司"）作出了税务处理决定书，责令船舶公司限期补缴税款及滞纳金。2013 年 8 月 26 日，东区稽查局前往船舶公司住所地送达税务处理决定书，发现船舶公司住所地已无人员办公，无法送达。同日，东区稽查局通过邮政特快专递向船舶公司邮寄税务处理决定书，收件人为船舶公司"某通灵"，邮件内容未填写。由于收件人手机关机无法送达被退回。

2013 年 9 月 9 日，东区稽查局通过在该局网站发布公告以及在该区国家税务局办税服务厅公告栏张贴公告的方式，向船舶公司公告送达涉案税务处理决定书。2013 年 10 月 9 日，该区国税局工作人员在东区稽查局出具的税务文书送达回证见证人栏签名，并加盖该区国税局的公章予以确认。2013 年 12 月 17 日，该区国税局根据东区国税局作出的税务处理决定书向船舶公司发出了税务事项通知书，责令该公司限期缴纳税款及滞纳金。船舶公司不服该区国税局作出的税务事项通知书，向当地人民法院提起诉讼。

一审法院认为：（1）该区国税局负责所属区域的税收管理工作，符合《中华人民共和国税收征收管理法》第五条的规定，有权对船舶公司欠税行为进行管理。（2）东区稽查局作出税务处理决定书后，因船舶公司人员已全部撤离，在采取直接送达等方式均无法送达的情况下，采取公告送达方式送达，符合《中华人民共和国税收征收管理法实施细则》第一百零六条的规定。（3）该区国税局根据已生效的税务处理决定书向船舶公司发出税务事项通知书，是履行追缴欠税义务的行为，符合《中华人民共和国税收征收管理法实施细则》第七十三条的规定，该行政行为并非行政处罚，不适用《中华人民共和国行政处罚法》第二十九条规定的两年时效。一审法院以当地区国税局作出的税务征收处理决定事实清楚、证据充分、适用法律法规正确、程序合法为由，依法判决维持当地区国税局作出的税务事项通知书，驳回船舶公司的诉讼请求。

船舶公司不服一审判决，提起上诉。

二审时，船舶公司认为，东区稽查局作出的税务处理决定书没有依法送达而未生效，故该区国税局作出的被诉税务事项通知书没有依据。理由如下：一是涉案税务处理决定书的留置送达程序不合法。该区国税局提供的税务文书送达回证的见证人签名日期晚于送达日期，且该送达回证没有注明被送达人的拒收理由。二是涉案税务处理决定书的邮寄送达程序不合法。该区国税局提交的EMS快递单中收件人姓名为"某通灵"，但船舶公司法定代表人的姓名是"某建灵"，该公司也没有叫"某通灵"的人。而且，快递单封面没有注明邮件内容为涉案税务处理决定书。因此，该EMS快递单不能证明东区稽查局有向该公司邮寄送达过涉案税务处理决定书。三是涉案税务处理决定书公告送达程序不合法。东区稽查局在没有合法有效地采用直接送达、留置送达、委托送达及邮寄送达的情况下，直接进行公告送达，不符合相关规定。船舶公司认为，一审判决认定涉案税务处理决定书采用公告送达的方式符合法律规定，明显错误，故请求撤销一审判决，撤销该区国税局作出的税务事项通知书。而当地区国税局答辩称同意一审判决。

二审法院认为，东区稽查局作出税务处理决定书后，虽然采取过直接送达的方式，但在尚未穷尽其他合理送达方式的情况下，于2013年9月9日通过在该局网站发布公告以及在当地区国税局的办税服务厅公告栏张贴公告的方式向该公司公告送达该税务处理决定书，不符合相关送达程序规定。且该区国税局提交的关于东区稽查局在公告送达之前已向船舶公司邮寄送达税务处理决定书的证据中，邮件收件人姓名与该公司法定代表人的姓名不符，且邮件内容也未填写，不能证实东区稽查局已向船舶公司邮寄送达税务处理决定书。因此，认为东区稽查局作出的税务处理决定书不能被视为已有效送达，因而未发生法律效力。在此情况下，该区国税局据此作出被诉税务事项通知书，既缺乏事实根据，亦违反法定程序，依法应予撤销。

故，二审判决撤销一审判决，并撤销该区国税局作出的税务事项通知书。

从案例2-3可以看出，双方争议的焦点是文书送达是否合规，以及送达过程中是否存在瑕疵。明确的提示，是公告送达的特殊规定。

案例 2 - 4

2017 年 6 月 15 日，某市国家税务总局稽查局（以下简称"稽查局"）对当地一家服饰公司（以下简称"服饰公司"）的涉案违法行为予以立案调查。稽查人员在送达税务检查通知书的过程中，在税务文书送达回证的"送达人签名或盖章"一栏记录"企业失联，公告送达"，并由稽查局两名工作人员签名。同日，稽查人员以企业不在注册地址经营且相关人员均无法联系、文书无法送达为由，根据相关规定，在该市国税局网站发布税务检查通知书送达公告，对包括服饰公司在内的 18 家企业公告送达，要求服饰公司等自收到通知之日起 7 日内到稽查局处接受调查。经调查取证后，稽查局于 2017 年 12 月 10 日作出税务行政处罚事项告知书，于 2017 年 12 月 11 日以企业不在注册地址经营、文书无法直接送达为由，在该市国税局网站发布税务行政处罚事项告知书公告，向服饰公司进行公告送达。

2018 年 4 月 13 日，稽查局作出税务处理决定书和税务行政处罚决定书，认定服饰公司为他人虚开增值税专用发票 429 份，金额 3000 多万元，税额 500 多万元，价税合计 3000 多万元。决定对该公司虚开发票的行为处以 50 万元罚款。2018 年 4 月 18 日，稽查局在该市国税局网站发布公告，以企业不在注册地址经营且相关人员均无法联系、文书无法送达为由，向服饰公司公告送达上述税务处理决定书及税务行政处罚决定书。

服饰公司不服稽查局作出的行政处罚决定，向法院提起行政诉讼。

服饰公司表示，稽查局直接采用公告方式向其送达税务行政处罚事项告知书，未能保障其陈述、申辩及申请听证的权利，程序不合法。并认为，稽查局的涉案行政处罚决定书和税务处理决定书是同一天作出且同一天送达服饰公司，没有经过行政处罚告知前置程序，也没有告知其有申请听证的权利，故属于行政处罚程序违法，应依法撤销。

对此，稽查局表示其作出的涉案行政处罚决定符合法定程序。2017年6月15日，稽查局对服饰公司的涉案违法行为予以立案，因服饰公司不在注册地址经营且相关人员均无法联系，稽查局在该市国家税务局官网向服饰公司公告送达税务检查通知书。经依法调查取证后，稽查局于2017年12月11日在该市国税局官网将税务行政处罚事项告知书公告送达服饰公司，告知其作出行政处罚的事实、理由、依据，并告知其享有陈述、申辩和要求听证的权利，但服饰公司未向稽查局提出陈述、申辩或要求听证。后稽查局于2018年4月13日作出税务处理决定书、涉案行政处罚决定书，并依法送达服饰公司。

　　　　法院认为，稽查局以企业不在注册地址经营且相关人员均无法联系、文书无法送达为由直接采用公告送达的方式，未尝试公告以外的任何其他送达方式，未能充分保障服饰公司的陈述、申辩权利，属于程序违法。

　　　　最终，法院判决：撤销稽查局作出的行政处罚决定书；要求国家税务总局某市税务局稽查局对服饰公司虚开增值税专用发票的违法行为依法重新作出处理。

　　从案例2-4可以看出，双方争议的焦点有二：一是税务公告的税务文书的送达方式是否合法；二是当税务处理决定书和涉案行政处罚决定同时出具时，是否剥夺了纳税人的正当权益。与案例2-3相同，案例2-4给出同样的提示。法律法规对税务文书采用公告送达的方式有明确要求，税务执法过程中需要确认其前提条件，充分保证纳税人利益。

　　案例2-1、案例2-2、案例2-3、案例2-4呈现的主要是，在税务执法过程中履行告知和文书送达方面的义务的重要性。在税务执法过程中需要特别关注送达告知和送达的时间、方式，否则可能因为程序的瑕疵影响执法效力。

案例 2 - 5

2015 年 12 月 24 日，某市国家税务局稽查局和市公安局就陇西县一家药业公司（以下简称"药业公司"）涉嫌虚开增值税专用发票一案，分别立案检查、侦查。2015 年 11 月 24 日，该市公安局书面向该市国税局告知该案符合刑事立案条件，决定立案。该市国家税务局稽查局（以下简称"稽查局"）对该案调查后，认为涉案公司涉嫌犯罪，于 2016 年 4 月 25 日将案件材料向当地的市公安局进行了移送。在该市公安局对该案进行刑事侦查时，2016 年 5 月 10 日，稽查局对药业公司作出了税务行政处罚决定，对其虚开发票的行为处以 50 万元的罚款。

药业公司不服稽查局作出的税务行政处罚决定，向法院提起行政诉讼。

一审时，药业公司认为稽查局程序严重违法。存在调取证据主体不合法、调取证据程序违法、不予听证不合法、没有保障当事人陈述和申辩的权利、处罚决定程序违法等违法行为。

对此，稽查局认为其处罚程序合法。一是调取证据的主体合法，当地的市国家税务局稽查局和市公安局分别立案，并成立联合专案组，实施联合检查，调取证据时由公安机关和税务机关联合取证，且在行政处罚时做了证据转换。二是调取账簿资料的程序合法，稽查局依法从公安机关查阅和取证。三是作出不予听证决定的程序合法，药业公司未在法定申请期限内提出听证申请，稽查局未再举行听证。

一审法院认为，依据《中华人民共和国行政处罚法》《行政执法机关移送涉嫌犯罪案件的规定》相关规定，稽查局在已知公安机关对药业公司涉嫌虚开增值税专用发票一案进行了立案侦查的情况下，依法定程序应等待司法机关对该案的处理结果，再决定是否对该公司作出行政处罚。而稽查局在司法机关对该涉嫌犯罪行为作出最后处理之前，就对药业公司作出税务行政处罚决定，违反了相关法律、法规规定,其处罚程序违法。故,一审法院依法判决,撤销当地的市国家税务局稽查局对药业公司作出的税务行政处罚决定。

稽查局不服一审判决,向所在省的高级人民法院提起上诉。

二审时,稽查局认为,一审法院没有综合考虑该案的特殊性,该市国家税务局与市国家税务局稽查局分属不同的执法主体,当地的市公安局告知对该案立案的对象是该市国家税务局,并非该市国家税务局稽查局,将该案全案移送当地的市公安局的主体是该市国家税务局,并非该市国家税务局稽查局。同时,认为一审判决认定的部分事实缺乏书证,且对药业公司进行税务行政处罚执行的是该市国家税务局重大税务案件审理委员会的决定,而药业公司未提交书面答辩意见。

二审法院认为,稽查局在该市公安局立案后,应等待司法机关作出处理。该稽查局在公安机关立案后尚未作出最后处理的情况下对药业公司作出行政处罚，违反相关规定。二审法院依法判决驳回上诉，维持原判。

在明知公安部门已经立案的情况下，无论当地的市国家税务局与市国家税务局稽查局是否分属不同的执法主体，再次立案并进行行政处罚，都违背了相关政策的规定，或者说已经不具备涉税案件立案的条件。

案例 2 - 6

2018 年 8 月 23 日，某市税务局稽查局作出税务行政处罚决定，认定当地一家化工厂取得虚开增值税专用发票进项税额 40 多万元，取得有资金回流的增值税专用发票（失控发票）进项税额 300 多万元，取得无资金回流的增值税专用发票（失控发票）进项税额 50 多万元。除依法追缴少缴纳的增值税税款 300 多万元以及依托增值税征收的城建税、教育附加十几万元，决定对化工厂并处少缴增值税及城市建设维护税税款一倍罚款，即罚款 300 多万元。化工厂不服，提起行政诉讼。

一审时，化工厂认为，稽查局违反法定程序且认定事实的证据不足。

稽查局认为其认定事实的证据充分，程序合法，且其计算税款数额和罚款数额均有事实和法律依据。

一审法院认为，稽查局程序违法。理由如下：

一是稽查局存在先处罚,后告知权利的程序违法行为,当地的市重大税务案件审理委员会是2018年8月15日作出处理意见,稽查局是在作出处理意见后,2018年8月16日向化工厂告知陈述、申辩及听证的权利。二是稽查局没有向法院提交税务行政处罚陈述申辩书,稽查局对化工厂提出的陈述、申辩意见未复核,属于严重违反法定程序。三是稽查局查询郭某个人银行账户在先,审批在后,属于严重违反法定程序搜集证据。因此不能作为认定事实的根据,进而稽查局无证据证明化工厂存在资金回流,不能形成完整的证据链条,属于认定事实不清、证据不足。

综合上述观点,一审法院以稽查局作出的处罚决定书事实不清、程序违法为由,判决撤销稽查局作出的税务行政处罚决定书。

稽查局不服一审判决结果,向当地的中级人民法院提起上诉。

二审法院认为,当地国税局与化工厂提起上

诉的理由均涵盖行政处罚事实部分，一审法院在作出原审判决时审理查明的部分并未对行政处罚的事实进行认定，径行判决，属于认定事实不清。且一审法院在作出原审判决时，对行政处罚程序是否存在上述司法解释的情形未予查明，也属于认定事实不清。二审法院以一审判决认定事实不清为由，撤销一审判决，发回重审。

重审法院以稽查局作出的税务行政处罚决定事实不清、证据不足、程序违法、适用法律错误为由，依法判决撤销稽查局作出的税务行政处罚决定。

稽查局不服重审判决结果，再向当地的中级人民法院提起上诉。

化工厂未向二审法院提交书面答辩意见，在庭审中表示，重审判决认定事实清楚、适用法律正确，判决结果正确。请求二审法院维持重审判决。

稽查局认为，重审对于程序违法问题的认定与事实不符，稽查局已经告知化工厂有陈述、申辩及听证的合法权利，对化工厂陈述、申辩的理由已经进行了复核，有集体讨论的内容和书面证据。稽查局有合法理由未及时提交有关证据，不应否认附卷内证据的效力。并且，稽查局认为化工厂提交的陈述、申辩理由是一种辩解，没有提出新的、有效的证据予以证实，因此对违法事实的认定和处罚决定的作出没有实质影响。

二审法院认为，稽查局提供的附卷应当为有效证据，能够证明给予了化工厂陈述、申辩的权利，稽查局也进行了复核。并且，关于稽查局提请审理委员会审理案件程序、查询程序、送达检查通知书程序问题，通过稽查局提供的证据可以看出，上述程序事项在执行过程中有不规范的情况，其程度达不到轻微违法，应认定为瑕疵。重审法院认定处罚程序违法错误，二审法院予以纠正。二审法院认为，稽查局对于原审判决认定事实方面的上诉请求没有事实和法律依据，依法不予支持。二审法院依法判决驳回上诉，维持原判。

　　稽查局不服二审判决结果，向所在省的高级人民法院申请再审。

　　再审法院观点与二审法院观点一致，认为稽查局的再审申请不符合《中华人民共和国行政诉讼法》第九十一条规定的情形。依法裁定驳回稽查局的再审申请。

　　案例2-6中，双方争议焦点在证据材料是否符合举证期间的规定，是否属于法定延期举证的例外情形，是否应被视为有效证据。尤其是因查询郭某个人银行账户在先，审批在后，使得举证材料不予认定，造成事实不清、证据不足的结果。因程序的瑕疵影响执法效率的情况不少，但因取证程序的瑕疵使得证据不被认可的情况却不多见。值得引起高度重视。

　　案例2-5和案例2-6都涉及在税收执法时程序不当，包括立案程序和检查取证程序。

案例 2 - 7

　　某控股集团股份有限公司（以下简称"股份公司"）向一家电子科技公司出售音响连接线，并陆续获得出口退税款 2000 多万元。2014 年 2 月 21 日，国家税务总局某市税务局第三稽查局（以下简称"第三稽查局"）作出税务处理决定书，认为股份公司与代理商同时签署了购货合同和代理出口合同，构成外贸出口"真代理、假进销"的违规操作，决定依规追缴其出口退税款 2000 多万元。后第三稽查局经催告将款项强制扣缴执行入库。股份公司不服第三稽查局作出的税务处理决定，于 2015 年 11 月 10 日向当地国税局申请行政复议。当地国税局于 2017 年 6 月 30 日作出税务行政复议决定书，对原行政行为予以维持。股份公司对该结果不服，提起诉讼。

　　一审时，第三稽查局表示，其向股份公司送达了税务检查通知书、调取账簿资料通知书等文书，均由股份公司签收。2014 年 11 月 28 日，其向股份公司送达税务处理决定书时，因股份公司拒绝签收，其对留置送达情况进行了录像，并在送达回证上予以注明。认为上述执法程序符合法律规定，程序合法正当。

当地国税局表示，股份公司于2016年10月10日提交要求采取听证方式审理案件的申请书。10月19日，其依法受理听证，并向股份公司送达行政复议受理听证通知书。2016年12月2日，其依照相关规定，依法中止行政复议，等待另一关联案件的判决结果。2017年5月27日，其恢复行政复议审理，并将恢复行政复议审理通知书送达给复议当事人。2017年6月16日，其依法召开听证会。2017年6月30日，其作出税务行政复议决定书，并将复议决定书送达复议双方当事人。认为被诉行政复议决定认定事实清楚、适用依据正确、复议程序合法。

一审法院认为，第三稽查局作出的被诉税务处理决定对股份公司已申报并实际取得的2000

多万元出口退税款予以追缴，对股份公司的权益产生重大影响。第三稽查局在作出该处理决定前，未因影响重大利益举行听证，未充分保障股份公司陈述、申辩的权利，违背了正当程序原则，程序违法，应予撤销。且当地国税局所作行政复议决定认定第三稽查局作出的税务处理决定书程序合法，该事实认定错误，同样应予撤销。故，一审法院依法判决，撤销第三稽查局作出的行政处理决定书，撤销当地国税局作出的税务行政复议决定书。

第三稽查局、当地国税局均不服一审判决，向当地的中级人民法院提起上诉。

二审时，第三稽查局认为其涉案税务处理决定的程序合法。其一，法律法规和规章均没有设定听证为纳税争议行政处理过程中的必经程序，税务处理属于纳税争议行为，不属于法定的听证范围，股份公司不享有听证权；其二，该局在退税追缴税务处理中已充分保障了股份公司的陈述和申辩权；其三，一审判决混淆了税务行政处理和行政处罚两种不同行政行为；其四，税务处理听证，将冲击税收征管秩序，影响税务执法工作。当地国税局认为其复议程序合法，也保障了股份公司陈述、申辩、听证的权利，符合正当程序原则要求。

股份公司认为，被诉税务处理程序违法。一是未对案件相关的一家电子元件公司进行调查，取证程序违法；二是未履行听证程序，违反正当程序原则；三是未按《重大税务案件审理办法（试行）》规定，由审理委员会进行审理，程序违法。

二审法院认为，因涉案事实发生在2015年2月1日之前，而《重大税务案件审理办法》不能直接适用于该案，故该案无直接法律规定应适用听证程序。但该案涉及数额巨大，依行政执法的正当程序原则，应保障股份公司在决定作出过程中的程序参与、陈述、申辩的权利。综合相关证据，二审法院认为，该案虽未组织正式听证，但股份公司相关实质性陈述、申辩权利应认为已经得到保障。认为第三稽查局作出被诉行政处理，其程序应认定合法，一审判决相关认定错误。

二审法院依法判决撤销一审判决，并驳回股份公司要求撤销行政处理决定书和税务行政复议决定书的诉讼请求。

股份公司不服二审判决，向所在省的高级人民法院申请再审。

再审时，股份公司认为税务机关的程序不合法。一是税务稽查中检查程序违法。实际询问人只有一人，询问笔录中写明两人。二是被诉处理决定未适用当地国税局《关于印发重大税务案件审理办法的通知》的规定举行听证，程序错误。三是未对案件相关的一家电子元件公司调查取证即作出事实认定，取证程序违法。四是被诉税务处理决定作出前未能保障申请人的实质性陈述、申辩权，其作出决定的程序违法。

　　对此，第三稽查局表示，已严格依照《税务稽查工作规程》规定的税务行政处理程序进行，并认为被诉税务处理行为依法无须进行听证，且法律对此类案件并未设定听证程序。税务检查程序正当合法，且已充分保障了股份公司的陈述、申辩权利。同时指出，该案件不属于规定的重大税务案件，不适用重大税务案件审理程序。

　　再审法院认为，作出的被诉税务处理决定明显会对股份公司的权益产生重大不利影响，第三稽查局在作出上述处理决定的过程中，应当按照正当程序原则的要求，依法告知，并充分保障股份公司的陈述、申辩权利。但第三稽查局在原审法定期间内提交的证据显示，其在作出该处理决定前，未因影响重大利益举行听证，亦未充分保障股份公司陈述、申辩的权利。第三稽查局作出被诉税务处理决定，应依法及时送达，其时隔9个月才送达，程序明显违法。据此，二审法院关于被诉税务处理决定保障了股份公司实质性陈述、申辩权利的观点难以成立。故，再审法院依法判决撤销二审判决，维持一审判决结果。

案例2-7除了涉及文书送达的时间以及法律事实的认定，还涉及是否适用重大税务案件的审理。因为对重大案件或影响重大利益案件进行听证，是保障纳税人权益的程序。

案例 2 - 8

　　2017 年 9 月 14 日，某市城乡一体化示范区地方税务局稽查局（以下简称"地税稽查局"）认定当地经济开发区的一家电动车厂（以下简称"电动车厂"）于 2012 年至 2017 年 4 月累计未缴纳城建税、个人所得税、房产税、土地使用税、印花税等共计 20 多万元，判定其违法行为已构成偷税，偷税合计 20 多万元，偷税税款占被查期间应纳税款的比例为 85.33%。因此，地税稽查局对电动车厂作出税务行政处罚决定，对其偷税违法行为处不缴税款的 4 倍罚款，并于 2017 年 9 月 18 日将处罚决定书送达电动车厂。电动车厂对处罚决定不服，向法院提起诉讼。

　　一审法院认为，地税稽查局对电动车厂作出的处罚决定认定事实清楚，适用法律法规正确，符合法定程序。一审法院作出判决，驳回电动车厂的诉讼请求。

　　电动车厂不服，向当地的中级人民法院提起

上诉。

二审法院以地税稽查局作出的涉案税务处罚决定主要证据不足、法律适用错误为由，依法判决撤销一审判决，并撤销地税稽查局作出的税务行政处罚决定。

地税稽查局对二审判决结果不服，向所在省的高级人民法院申请再审。

再审时，地税稽查局认为，其作出的税务行政处罚决定认定事实清楚，程序合法，适用法律正确。表示电动车厂自2012年到2017年4月未缴纳城建税、个人所得税、房产税、土地使用税和印花税。根据相关规定，电动车厂已经办理了税务登记，应当认定为属于"经税务机关通知申报而没有申报"的情形，其行为已构成偷税。

对此，电动车厂认为，地税稽查局无任何证据证明电动车厂存在偷税情形，所作出的处罚决定认定事实错误，适用法律错误。

再审法院认为，根据当时的税务管理法规，

在行政处罚程序中认定已办理国税登记等同于已办理地税登记，没有法律依据。电动车厂 2012 年 3 月办理国税登记，2017 年 1 月办理地税登记。基于上述分析和事实，再审法院认为，地税稽查局以已办理国税登记视同已办理地税登记为由，认定电动车厂已办理税务登记，其未缴纳税款的情形属于"经税务机关通知申报而拒不申报"情形，认定其 2012 年至 2017 年 4 月期间存在偷税，明显依据不足。同时，地税稽查局认定电动车厂偷税 20 多万元，并对其处 4 倍罚款，该罚款数额较大，根据《中华人民共和国行政处罚法》等法律的规定，该案应当适用听证程序而没有适用听证程序，也没有听取当事人及其代理人的陈述和意见，程序严重违法。综上，再审法院以地税稽查局对电动车厂作出的行政处罚决定认定事实不清、证据不足、程序违法为由，依法判决维持二审判决。

在案例 2-8 中，税企双方的争议有两个。第一，办理税务登记是否等同于通知纳税申报，尤其是办理了国税纳税登记是否等同于办理地税纳税登记。第二，罚款数额较大，是否应该适用听证程序。

案例 2 - 9

　　某地一家包装印刷物资有限公司（以下简称"包装公司"）与当地国土资源局签订了国有土地使用权出让合同，合同约定出让当地张店区傅家镇某村的土地 33547 平方米并取得了该土地的土地使用权证。但拆迁、迁坟事宜纠纷不断，致使土地使用权证登记的面积与实际交付给包装公司占有使用的土地面积不一致。包装公司实际仅占有 800 平方米土地，后将其出租，由承租方缴纳了土地使用税。接到群众投诉举报后，当地地方税务局张店分局（以下简称"地方税务局"）于 2015 年 3 月 4 日对包装公司涉嫌税收违法立案稽查。2017 年 2 月 22 日，地方税务局作出税务行政处罚事项告知书，告知存在的违法事实及拟罚款，包装公司于 2017 年 3 月 22 日收到告知书次日提出听证申请，地方税务局于 2017 年 4 月 5 日组织听证，于 2018 年 1 月 8 日作出税务行政处理决定书、税务行政处罚决定书，对包装公司未申报缴纳的城镇土地使用税、营业税、城市维护建设税处以不缴或少缴税款 50% 的罚款，共计 60 多万元。

包装公司对该处罚决定不服，向法院提起行政诉讼。

一审中，包装公司认为，地方税务局对该案件的查处时间长达 25 个月，其恶意延长办案期限，属于程序明显违法。并且，包装公司购买土地所在的工业园区地处偏远，该工业园区内仅有极个别的企业申报缴纳城镇土地使用税，税务机关也仅是核定征收，并没有要求全额缴纳，但是地方税务局却对包装公司所购买的土地要求征缴全部税款、滞纳金，并处以罚款，明显属于选择性、随意性的执法。

对此，地方税务局表示，其在该案中不存在恶意延长办案期限及选择性执法、滥用职权之情形。理由如下：一是包装公司消极配合税务检查，致使其多次延长检查时限；二是包装公司涉税违法一案系群众举报，并非地方税务局选择性执法，且其在执法过程中已经做到了审慎从宽处罚。

一审法院认为，地方税务局于 2017 年 4 月 5 日组织听证，但在庭审过程中，地方税务局以听证笔录系内部资料，与该案无关为由未向法院提交，其应当承担不利的法律后果。同时，地方税务局于听证后 9 个月，2018 年 1 月 8 日才作出行政处罚决定书，也有违行政效率原则。同时，该案还存在认定事实是否清楚、证据是否充足和是否重复征税方面的争议。一审法院依法判决撤销当地地方税务局张店分局稽查局对包装公司作出的税务行政处罚决定书。

国家税务总局某市税务局第一稽查局（当地地方税务局原张店分局稽查局，以下简称"税务局"）不服一审判决，向当地中级人民法院提起上诉。

二审时，税务局认为，原审判决认为其未提交听证笔录承担不利的法律后果，系认定事实和适用法律错误。首先，听证笔录不属于其举证范围。税务局认为在包装公司对听证环节无异议的情况下，其提供听证申请等已尽到依法组织听证的举证义务。其声称听证笔录为"内部资料"意即该资料已由税务局整卷归档，包装公司已签字确认，不存在税务局举证不能的问题。其次，因包装公司诉状中并未提及有关听证的问题，为了有针对性地化解行政矛盾，其只对包装公司提及的问题提交相关证据。且依据《中华人民共和国行政诉讼法》第三十九条的规定，原审法院应依法要求其提供或补充该证据，不应承担举证不能的法律后果。因此认为原审认定有悖于事实与法律。

对此，包装公司认为，税务局办案程序违法，未听取其陈述和申辩，且选择性执法，执法不公，构成滥用职权。税务局于2018年1月8日才下达税务处罚决定书，案件查处时间长达25个月，其恶意延长办案期限，属于程序明显违法。同时，包装公司依据事实和法律提出的陈述和申辩，听证笔录应已有记载。税务局拒不向法庭提交听证笔录，担心该笔录将会作为证明税务局拒绝听取陈述或者申辩的证据。税务局要求原审法院应通知其补交该笔录，是向法院推责。实际上，该行为属于法定举证不能的情形。并且，税务局超越职权，其行政处罚行为违法。

二审法院认为，听证程序系行政处罚过程中非常重要的执法程序，税务局于2017年4月5日组织听证，在原审程序中未提交有关听证的证据材料，其应当承担不利的法律后果。同时，税务局于听证后9个月，2018年1月8日作出行政处罚决定书，有违行政效率原则。最终，二审法院依法判决驳回上诉，维持原判。

案例2-7、案例2-8、案例2-9，都是关于听证程序出现瑕疵而引起的败诉。

五　小结

　　税收执法程序是税务机关代表国家行使征税权力时所遵循的程序，为了使征税权力的行使能够合法、正当，国家会通过制定统一的行政程序法和专门的税收征收程序法来加以规范。因此，税务机关需要使税收执法行为符合税收执法程序要求，做到税收执法程序合规，遵守程序性规定，保障纳税人享受知情、参与、听证、申辩等程序性权利，实现税收法治。

　　随着税收法制化进程的逐步加快，税务机关依法治税水平正逐步提高。但在税收执法过程中仍然存在着重实体轻程序、不履行程序或者省略必经执法程序等问题，这些问题影响了正常的税收执法。一些税收执法人员缺乏对执法程序的正确认识，认为只要实体合法，程序可以随意，甚至有的执法人员认为严格按照程序办事束缚了手脚，会以便于工作或方便纳税人为由任意变更或省略执法程序，造成同等纳税人同等事项的处理程序不同的问题，这严重地弱化税务机关执法的严肃性。

　　在可查的涉税案件中，因执法程序而产生的争议占涉税案件的绝大部分。因此，要树立重视税收执法程序观念，应当以强调税务机关和征税人员必须按照合法、合规、公正的程序征税为重点。作为税收执法程序的实际操作者，是否依照法定程序征税，将直接决定税收程序功能的发挥。特别要建立健全程序违法的法律责任机制和相应的监督制约机制，以强化征税人员程序意识和对税收执法程序合规的信念。

此外，要在全社会营造程序合规、公正的氛围，培养纳税人程序权利意识。只有当全社会税收执法程序合规、公正和程序权利意识增强时，才能对税务机关的征税程序行为进行有效的监督和制约，促使税务机关依程序征税。这也要求加大对税法和现代税收执法程序的宣传普及力度，尤其要通过对税收执法程序违法违规行为和侵犯程序权利行为的制裁，来保障税收执法程序法律法规的有效实施，切实为纳税人提供有效的程序保障和救济途径。

在依法治国的大环境下，依法治税是依法治国基本方略在税收征管领域的具体体现，税收执法程序合规是确保依法治税落地实施的条件之一。因此，税务机关要把握税收执法程序的合规性，规范执法权力的运行，使执法程序符合相关法律法规的要求，增强税收执法人员的责任意识、程序意识、风险意识，营造良好的税收执法环境。

第 **3** 章

税务利他原则

税收执法应坚持对纳税人"无过错推定"和"疑错从无"。

一　基本含义

经济社会的快速发展伴随着新生事物的产生，法律的滞后常常在所难免。

　　税务利他原则是指在税收执法过程中，当税收法律法规存在疑义时，国家作为税法制定者和执行者，应承担因该疑义产生的不利后果；当搜集证据不完整或者不满足法律关于证据取得的相关规定时，应认定为纳税人没有违反规定。

　　税务利他原则包括两层含义：

　　第一，当法律的条款不足以覆盖新生事物的要求，或其规定模糊不清、适用存疑，或同一条文有多种解释时，应采用有利于纳税人原则来适用、解释法律法规，让税法存有疑议的利得归纳税人所有。

　　第二，在税企争议的处置过程中，如果执法机关搜集的证据不够全面，或者搜集的证据不能做到主体和形式合法，则应认定纳税人没有违反相关规定，不得作出对纳税人的处罚决定。

二　法律基础

　　税务利他原则是指在税收执法过程中应遵循有利于纳税人的一项原则。利他原则并不是税收执法过程中独有的，它首先是国家宏观、广义法律体系的基本原则，然后才是税收执法过程中应遵循的原则。

　　《中华人民共和国民法典》第四百九十八条规定："对格式条款有两种以上解释的，应当作出不利于提供格式条款一方的解释。"根据法学中社会契约论的观点，所有的国家制度都是合同。不管是自愿还是强制，制度都是契约参与者的内在意志合作的外在表现。税收制度是人类在税收活动中创造出来的一系列规则或制度，其主要特征之一在于其具有强制性或约束性，并主要通过法律而得以表现。法律就是契约，就是合同，法律的条款就是合同的格式条款。当税收法律法规存在疑义时，应当作出不利于提供格式条款一方的解释，这就是税务利他原则的基础。

　　《中华人民共和国行政处罚法》第三十七条规定："实施行政处罚，适用违法行为发生时的法律、法规、规章的规定。但是，作出行政处罚决定时，法律、法规、规章已被修改或者废止，且新的规定处罚较轻或者不认为是违法的，适用新的规定。"这一规定，可以理解为在实施行政处罚时，适用对被处罚人有利的法律条文。这是税务利他原则的进一步解释。

最高人民法院《关于审理行政案件适用法律规范问题的座谈会纪要》指出："根据行政审判中的普遍认识和做法，行政相对人的行为发生在新法施行以前，具体行政行为作出在新法施行以后，人民法院审查具体行政行为的合法性时，实体问题适用旧法规定，程序问题适用新法规定，但下列情形除外：（一）法律、法规或规章另有规定的；（二）适用新法对保护行政相对人的合法权益更为有利的；（三）按照具体行政行为的性质应当适用新法的实体规定的。"最高人民法院在纪要中表明了一种观点：在实际的行政案件审理过程中，要适用对保护行政相对人的合法权益更为有利的法律规定，体现法律对于行政相对人权益的保障。这是利他原则的最直接体现。

最高人民法院在《德发拍卖案判决书（2015）行提字第13号》中表述："根据依法行政的基本要求，没有法律、法规和规章的规定，行政机关不得作出影响行政相对人合法权益或者增加行政相对人义务的决定；在税法规定存在多种解释时，应当首先考虑选择适用有利于行政相对人的解释。"这段判词既是对税收法定原则的表述，也是对税务利他原则的最佳表述。

税务利他原则还涉及税务执法中证据链的内容。

在税务稽查案件中，举证责任应由税务机关承担。《税务稽查案件办理程序规定》第44条规定，税务行政处罚决定书应当包括税收违法事实、证据及其所属期间。这表明在税务稽查案件办理过程中，税务机关对税务稽查处理承担依职权调查取证并证明所认定涉税事实真实准确的责任，税务机关需要搜集相关证据资料以辨析稽查案件事实。

《最高人民法院关于审理行政许可案件若干问题的规定》第七条规定："作为被诉行政许可行为基础的其他行政决定或者文书存在以下情形之一的，人民法院不予认可：（一）明显缺乏事实根据；（二）明显缺乏法律依据；（三）超越职权；（四）其他重大明显违法情形。"规定明确了当证据缺乏时，司法部门的判案导向。尽管该规定只是针对行政许可诉讼案件，但是却给法官审理其他行政诉讼案件提供了有益指导。

《中华人民共和国刑事诉讼法》第二百条第（三）项规定，经法院审理，对于证据不足，不能认定被告人有罪的，应当作出证据不足、指控的犯罪不能成立的无罪判决。这是对于疑罪从无的明确表达。

疑罪从无是指现有证据既不能证明被追诉的被告人的犯罪行为，也不能完全排除被追诉被告人实施了被追诉犯罪行为的嫌疑，根据无罪推定原则，从诉讼程序和法律上推定被追诉被告人无罪，从而终结诉讼的行为。虽然这是《中华人民共和国刑事诉讼法》而非《中华人民共和国行政处罚法》，但这明确代表了我国法律规定的导向。

除了《中华人民共和国刑事诉讼法》《中华人民共和国行政处罚法》以及最高人民法院的会议纪要和判词，还可以从各地税务机关发布的文件中可以看到税务利他原则的身影。

厦门市地方税务局 2009 年印发的《对纳税人适用"无过错推定"原则的指导意见》中明确规定："本指导意见所称'无过错推定'原则，是指未经税务机关依法认定，对纳税人、扣缴义务人、其他纳税人等税务行政相对人（以下简称纳税人）都不得确认其有涉税违法行为。它包含以下四个方面内容：一是税务机关在没有确凿证据证明纳税人存在涉税违法行为时，不应认定或推定纳税人存在涉税违法行为，坚持疑错从无；二是税务机关负有对纳税人涉税违法行为的举证责任，税务机关应当通过合法手段、法定程序取得证据；三是税务机关作出认定前，纳税人依法享有陈述权和申辩权，纳税人提出的事实、理由和证据成立的，税务机关应当采纳；四是对纳税人符合法定或酌定从轻、减轻或免予行政处罚情节的，税务机关应当作出相应处理。"

常州市地方税务局在 2010 年发布的《江苏省常州市地方税务局关于在税务行政执法中推行对纳税人"无过错推

定"工作原则的实施意见》明确指出："1.依据法律兼顾合理。当税收政策规定缺失、模糊或存在冲突时，在不违背立法意图、法律精神和税法原则的前提下，兼顾合法性和合理性，做有利于纳税人的理解、判断和解读。2.禁用溯及既往。税收政策规定不具有溯及既往的效力，不能适用于发生在税收政策生效、公布或执行起始时间以前的涉税行为。3.定性具争议予从宽认定。税务机关内部审议时对纳税人的涉税行为在定性上存在不同意见的，在与税收政策法规不相悖的前提下，按照有利于纳税人的原则作出认定。"

厦门市地方税务局和常州市地方税务局发布的关于"无过错推定"工作原则实施意见，都明确了税务机关在没有确切证据证明纳税人存在涉税违法行为时，不应认定或推定纳税人存在涉税违法行为，应该坚持疑错从无的"无过错推定"原则来处理涉税案件。同时税务机关在处理涉税案件时，要坚持"疑错从无"和处罚得当，合理适用自由裁量权，依法保障纳税人的权利。

在税务行政执法过程中运用"无过错推定"工作原则，是税务利他原则的生动体现，是税务行政执法理念的更新，体现了对于纳税人权利的尊重和保护。

三　主要内容

当税法及相关法律规定在执法过程中存在疑义时，不同的人采用不同的解释方法对法律规定进行解读就会产生不同的解读结果，而引出税务机关对纳税人不同的税务处理决定。而在这种疑义和分歧存在时，应遵循税务利他原则，作出有利于纳税人一方的判定。

（一）规定模糊不清或存在多种解释方法时

一是当法律条文没有对新出现的经济形式作出明确规定是否有纳税义务时，"法无授权不可为"，应当认定此种形式没有纳税义务。

二是当采用文义解释方法产生疑义时，应该适用有利于纳税人原则即利他原则，在法律解释时适用有利于纳税人一方的法律解释。

三是当不同种类的解释方法产生疑义时，即采用一种解释方法对法律有一种解读，而采用另一种解释方法对法律进行解释时会产生另一种意思解读，这时应选择更有利于纳税人利益的解释方法对法律法规进行解读。

（二）涉税案件的认定事实不清、证据不足时

当税务机关对纳税人的涉税案件认定的事实不清、证据不足时，不能在缺乏直接、充分证据的情况下，就某一主要证据资料、"优势证据"，以主观推论认定纳税人具有涉税违法事实。在这种情形下，需要遵循利他原则，对纳税人作出税务处理决定。

可以说，税务利他原则是一项解释税收法律的基本原则。这是在社会经济发展中，国家对纳税人权益的重视和保护以及纳税人对税法的认知逐渐改变的形势下，所产生的解释税收法律时应该遵循的一项原则；这是在法治体系不断健全的情况下，涉税案件在事实不清、证据不足时应该遵循的一项原则。该原则的建立和适用有利于维护国家利益和纳税人合法权益，促进税收法律体系的完善。当然，在税法解释中，也要合理考量税务利他原则的场景适用性，在合适的时机正确使用税务利他原则的税法解释作用，维护税法解释的合理性、公平性、公正性。

四　税收征管实践案例

司法实践中，税务机关对于税收政策的理解和实施，与司法部门在最终判决中所作出的认定，难免存在一定的差异。这种差异可能源于对法律规定的不同解读，或是对案件事实的不同评判。

案例 3-1

2018 年 8 月 23 日，某市税务局稽查局作出税务行政处罚决定，认定某化工厂取得虚开增值税专用发票进项税额 40 多万元，取得有资金回流的增值税专用发票（失控发票）进项税额 300 多万元，取得无资金回流的增值税专用发票（失控发票）进项税额 50 多万元。除依法追缴少缴纳的增值税税款 300 多万元以及依托增值税征收的城建税、教育附加十几万元，决定对化工厂并处少缴增值税及城市建设维护税税款一倍罚款，即罚款 300 多万元。化工厂不服，提起行政诉讼。

一审法院以当地稽查局作出的处罚决定书

事实不清、程序违法为由，判决撤销稽查局作出的税务行政处罚决定书。

稽查局不服一审判决结果，向当地中级人民法院提起上诉。而二审法院以一审判决认定事实不清为由，撤销一审判决，发回重审。

重审中，稽查局认定化工厂的违法事实："2016年11月取得山西某金属材料有限公司（失联）开具的增值税专用发票25组，金额200多万元，税额40多万元。"查出化工厂在2016年11月17日19号凭证记载分三笔向销售方汇入货款合计290多万元，当日通过郭某银行卡资金回流260多万元，另附有某市税务机关出具的有关销售方虚开发票的证明材料。

对此，重审法院认为稽查局所认定的25组发票，也仅提供了5张，且无销售方账目、出库、汇款单等证据予以证明。并且对于该笔回流资金是否为同一笔货款、回流原因，为何会出现差额，均无相关证据予以证明，且现有证据材料具有向原告取证的单一性，无法形成完整的证据链。发票系如何认定为虚开的缺少必要的相关认定材料予以证明。法院认为稽查局所示证据尚未达到足以认定化工厂有让他人为自己虚开增值税专用发票的证明标准，属事实不清，证据不足。

同时，稽查局认定的该违法事实涉及七家企业（失联）所开具的八笔发票。重审法院认为，稽查局所示证据具有向化工厂取证的单一性，未取得销售方的相关凭证，对是否存在真实交易，化工厂是否明知，销售方向原告有关人员回款性质，是否为同一货款，为何有中间人转款和转款性质等均无证据明确证实，稽查局在此情形下根据回款事实推定化工厂有让他人为自己虚开发票的违法事实，缺少有效证据予以支持。故重审法院认为，稽查局所示证据尚未达到足以认定化工厂有让他人为自己虚开增值税专用发票的证明标准，属事实不清，证据不足。

该案还存在着程序是否违规等争议。基于

此，重审法院认为，稽查局作出的税务行政处罚决定事实不清、证据不足、程序违法、适用法律错误，依法判决撤销稽查局作出的税务行政处罚决定。

稽查局不服重审判决结果，之后向当地的中级人民法院、高级人民法院提起上诉，均被驳回上诉，维持原判。

案例3–1中因为程序违规，使得取得的证据不被认可，造成事实不清、证据不足，实为可惜。

案例 3 - 2

　　某地一家包装印刷物资有限公司（以下简称"包装公司"）与当地国土资源局签订了国有土地使用权出让合同，合同约定出让当地张店区傅家镇某村的土地33547平方米并取得了该土地的土地使用权证。但拆迁、迁坟事宜纠纷不断，致使土地使用权证登记的面积与实际交付给包装公司占有使用的土地面积不一致。包装公司实际仅占有8000平方米土地，后将其出租，由承租方缴纳了土地使用税。接到群众投诉举报后，当地地方税务局张店分局（以下简称"地方税务局"）于2015年3月4日对包装公司涉嫌税收违法立案稽查。2017年2月22日，地方税务局作出税务行政处罚事项告知书，告知存在的违法事实及拟罚款，包装公司于2017年3月22日收到后次日提出听证申请，地方税务局于2017年4月5日组织听证，于2018年1月8日作出税务行政处理决定书、税务行政处罚决定书，对包装公司未申报缴纳的城镇土地使用税、营业税、城市维护建设税处以不缴或少缴税款 50% 的罚款，共计 60 多万元。

包装公司对该处罚决定不服，向法院提起行政诉讼。

一审中，包装公司表示，地方税务局作出的税务处罚决定存在事实认定错误、证据不足。包装公司实际占用的土地面积仅为 8000 平方米，地方税务局按 33547 平方米计征城镇土地使用税并处罚，明显错误。同时，地方税务局对包装公司 2013 年 1 月 8 日以前的税收违法行为给予行政处罚，已过税务行政处罚追诉时效，不应再对其进行行政处罚。

对此，地方税务局表示，其按 33547 平方米对包装公司计征城镇土地使用税证据确凿，于法有据。理由如下：一是案涉土地面积已被确认为 33547 平方米。包装公司取得的土地使用权证确认案涉土地使用权面积为 33547 平方米，且与当地国土资源局签订的国有土地使用权出让合同中亦明确约定案涉的土地使用权出让合同为 33547 平方米。二是地方税务局根据确认案涉土地的面积为计税依据合法有据。三是税务机关依法征税，包装公司持有当地国土资源局出具的证明文件不但同该局与其签订的国有土地使用权出让合同、当地的市政府为其颁发的国有土地使用权证书所确认的内容相悖，亦非税务部门征税之依据。同时，地方税务局认为其对包装公司 2010—2014 年的税收违法行为进行行政处罚符合法律规定，并未超过行政处罚时效。理由如下：一是包装公司未申报缴纳或少缴纳城镇土地使用税处于连续或者继续状态，在地方税务局对该案立案调查时，该税收违法行为仍未终了。二是包装公司涉税违法一案系由群众 2014 年 12 月举报，且查证属实，故发现时效应以举报时间为准。

一审法院认为，地方税务局在调查过程中未核实下列事实：在 2014 年清查过程中，联合专项清查组已给该企业核定了税款，税款已上缴，其他出租部分，按合同约定由承租方缴纳，应交的各种税金承租方也已按税务部门核定的税款上缴。同时，地方税务局在行政处罚决定书中认定包装公司已缴纳的城镇土地使用税实际上大部分系承租人所缴纳而非包装公司，地方税务局却认定系包装公司缴纳，并在计算包装公司应缴纳税款中予以扣减。因此，一审法院认为地方税务局在作出行政处罚时存在证据不足、认定事实不清的情形。据此，一审法院依法判决撤销稽查局对包装公司作出的税务行政处罚决定书。

国家税务总局某市税务局第一稽查局（当地地方税务局原张店分局稽查局，以下简称"税务局"）不服一审判决，向当地中级人民法院提起上诉。

二审时，税务局表示：（1）依据相关法律法规，税务局以包装公司持有的土地使用权证书所确定的面积作为计税依据，事实清楚、证据确凿。同时，土管部门出具的证明同当地国土资源局与包装公司签订的国有土地使用权出让合同、当地的市政府为其颁发的国有土地使用权证书所确认的内容相悖，且市、区、镇三级土管部门为包装公司出具的证明的真实性无法核实，并且镇政府及镇财政所均无核定税款之职权，其无权出具税款核定之证明，该证明不具有合法性。

（2）税务局认为一审判决认为其于听证后9个月才作出行政处罚决定有违行政效率原则，系认定事实不清，亦无法律依据。其处罚遵循审慎从宽之原则，多次开会研究并请示上级主管部门，最终作出处理合法合规。且从法定程序规定看，只规定了听证和决定的顺序，并没有关于听证后作出决定时限的规定，税务局于听证后的9个月作出行政处罚决定并不违反法律的明确规定。

对此，包装公司认为，该公司实际占用的土地面积仅为8000平方米，税务局按33547平方米计征土地使用税并予行政处罚，明显错误。税务局对"实际占用"理解错误，其征收城镇土地使用税时，认定土地使用证证载面积为"实际占用"的土地面积，明显属对法律条文的曲解。确认实际占有土地面积的职权归属国土局，税务局无权擅自认定、更改及否定国土局作出的法律文件。税务局无视国土局作出的法律文件，擅自认定实际占用面积，显然是超越职权。国土资源局已经组织测量并确认实际交付给包装公司的土地面积为 8000 平方米，包装公司对于其未实际占有使用的土地不负有缴纳城镇土地使用税的义务。

二审法院认为，税务局认定包装公司已缴纳的城镇土地使用税实际上大部分系承租人所缴纳，税务局却认定系包装公司缴纳，并在计算包装公司应缴纳税款中予以扣减，属对该案应纳税主体的认识混乱。因此，该案的被诉行政行为，存在证据不足、认定事实不清的情形。并且税务局未能充分考虑包装公司的涉案土地大部分不能正常使用，使用权属纠纷至今未能解决。特别是在国土资源部门经测定证明，政府出让给包装公司的土地之证载面积与实际占用使用土地面积相差巨大等实际情况，仍按证载面积核算税款，有失公平公正，不利于统筹兼顾保障国家税收和保护纳税人的合法权益，促进经济社会发展。

税务局认为，一审判决将张政办发〔2014〕46、47号文件认定为与该案事实有关的依据系认定事实和适用法律错误。2014年底，包装公司在政府组织清查之际，主动通过当地的镇政府以委托代征的方式缴纳入库城镇土地使用税6万元，属于其主动申报纳税的行为。一审判决以此为依据来认定包装公司及其案涉土地的承租人已经联合清查组核定了税款且已上缴，与事实及法律相悖。此外，税务局认为，一审判决认为税务局将承租人缴纳的税款从包装公司应纳税额中扣减，属事实认定不清的情形，没有法律依据。在包装公司补缴纳税额中扣减，是基于案涉土地所应缴纳的税款确实已经部分缴纳，并未给国家税收造成损失，而且通过扣减的方式减轻包装公司应补税款的金额和处以罚款的负担。在行政文书中，纳税人仍然是包装公司，只是在执行阶段予以计算时的扣减行为，目的是避免重复征税以及更有效保护包装公司的利益。

对此，包装公司认为，税务局就城镇土地使用税的征税金额计算方式与其所认定的事实相互矛盾。（1）纳税主体混淆不清。自税务机关对承租方就其向包装公司租赁的土地缴纳城镇土地使用税进行核定征收时，认可了承租方作为该土地的纳税人，也应向承租方进行追缴，而非向包装公司追缴，税务局向其追缴欠税并进行税务行政处罚没有事实和法律依据。如果认为包装公司系纳税人，税务局在计算包装公司应纳税款时将他人缴纳的税款随意进行扣减的做法是错误的，不符合《中华人民共和国税收征收管理法》第三条的规定，税务局明显属于滥用职权。（2）税务局核定包装公司应纳城镇土地使用税税额时，与对其他企业就同一块土地适用税额标准不一，导致税款金额计算错误。同时。该案行政处罚已超过五年时效，税务局予以处罚明显不当。

二审法院认为，张店区人民政府的 2014 年 46、47 号文件规定的包括地方税务机关在内的联合专项清查组已给该企业核定了税款，税款已上缴，其他出租部分，按合同约定由承租方缴纳，应缴的各种税金承租方也已按税务部门核定的税款上缴。税务局未予充分考虑上述行为产生的法律后果，作出被诉行政行为，属明显不当，也存在适用法律错误。最终，二审法院依法判决驳回上诉，维持原判。

案例 3-2 中，从法院判决来看，税务机关在执法过程中在三个方面存在明显瑕疵。（1）执法程序违规，包括案件的查处时间与案件发生时间的间隔、听证时间与作出决议的时间的间隔以及未提交听证证据材料。（2）认定事实不清、证据不足，税务机关将承租方缴纳税款与被告缴纳税款混为一体。（3）适用法律错误，税务机关机械理解土地使用税的征税基础"实际占用面积"，排斥国土资源部门出具的"实际占用面积"证明，在国土资源部门经测定证明，政府出让给包装公司的土地之证载面积与实际占用使用土地面积相差巨大等实际情况，仍按证载面积核算税款，有失公平公正，不利于统筹兼顾保障国家税收和保护纳税人的合法权益，促进经济社会发展。

法院对双方争议的第三点适用法律错误的认定，在没有明确法律规定"实际占用面积"以什么为基础时，选择对纳税人有利的解读是税务利他原则的最好体现。

案例 3 - 3

2007—2015 年，某市一家房地产开发有限公司（以下简称"房地产公司"）从事某旧城改造项目开发。2018 年 4 月 28 日，房地产公司向某城税务分局提交退税申请，申请退还多缴纳税款及滞纳金共计 2000 多万元。当地税务分局将该事项移交某迳税务分局。2018 年 5 月 25 日，某迳税务分局作出税务事项通知书，作出不予退税的结论。房地产公司不服，于 2018 年 5 月 29 日向某雄税务局申请行政复议。2018 年 7 月 20 日，某雄税务局作出行政复议决定书。房地产公司仍不服，向法院提起行政诉讼。

一审法院认为，在该案诉讼过程中，某迳税务分局未提交证据证明房地产公司所开发的房地产项目销售情况已满足土地增值税的法定清算条件，也未提交证据证明其对房地产公司所征收的土地增值税和滞纳金数额无误，其补充提交的核定征收申请审批表没有原件，亦不足以证明房地产公司向其申请按核定征收的方式来缴纳土地增值税，应视为没有相应证据。因此，一审法院认为，某迳税务分局作出的税务事项通知书认定事实不清、证据不足。由此，根据《中华人民共和国行政复议法》的相关规定，一审法院认为某雄税务局作出的行政复议决定书认定事实不清、适用法律错误。因此，一审判决：撤销某迳税务分局作出税务事项通知书的行政行为，撤销国家税务总局某雄税务局作出的行政复议决定书的行政行为。

某迳税务分局、国家税务总局某雄税务局不服一审判决，向当地中级人民法院提起上诉。

二审时，税务局认为房地产公司开发的旧城改造项目已达清算条件，税务机关是依房地产公司申请核定征收土地增值税，一审判决以核定征收申请审批表无原件且不足以证明房地产公司自行申请按核定征收方式缴纳土地增值税为由，视为无此项证据，属认定事实错误。并且认为即使房地产公司不提出申请，税务机关依职权亦可对房地产公司旧城改造项目予以核定征收。

对此，房地产公司认为，根据《中华人民共和国土地增值税暂行条例实施细则》第十六条和国家税务总局《关于印发〈土地增值税清算管理规程〉的通知》第十条的规定，旧城改造项目不符合土地增值税清算及征收清算核定土地增值税应满足的法定条件。

在是否存在多缴纳土地增值税税款及滞纳金方面，税务局认为，根据房地产公司申报缴纳税款情况，房地产公司不存在其所主张的多缴土地增值税税款及滞纳金的情况，反而明显存在少缴税款的情形。一审判决认为，某迳税务分局未提供证据证明其对房地产公司所征收的土地增值税和滞纳金数额无误，属于认定事实错误。税务局表示，2007年至2015年5月，房地产公司旧城改造项目共申报缴纳土地增值税合计1500多万元。该案房地产公司主动申报的该期间旧城改造项目销售收入为 3 亿 4000 多万元，应缴纳土地增值税为 1700 多万元。与该公司已申报缴纳的土地增值税相比，房地产公司不存在多缴纳税款的情形，反而少缴了 190 多万元土地增值税。且房地产公司 2007 年至 2012 年销售旧城改造项目"已确权未办证"的柴房和车库未申报纳税，经房地产公司主管税务分局责令限期改正后，房地产公司补申报 2007 年至 2012 年柴房和车库的销售收入，并补缴税款 350 多万元，其中按 5.5% 征收率计算应缴纳土地增值税 140 多万元。综上，房地产公司应缴税款为 6000 多万元，而房地产公司实际缴纳税款 5800 多万元，少缴税款 190 多万元。并且税务局表示未多征房地产公司滞纳金。

对此，房地产公司表示，在旧城改造项目不符合土地增值税清算及征收清算核定土地增值税的法定条件的情况下，根据法院委托会计师事务所的审计结果，旧城改造项目 2007 年 10 月至 2015 年期间，应缴纳的土地增值税费合计为 4500

多万元，已实缴的税费及滞纳金合计为 7100 多万元，实缴数比应缴数多 2600 多万元。

二审法院认为，按照一审法院依法定程序委托会计师事务所进行审计的结果，在未达到土地增值税清算条件下，房地产公司实缴数比应缴数多 2600 多万元，在符合土地增值税清算条件的情况下，实缴数比应缴数多 1700 多万元。在没有确凿证据证明会计师事务所作出的关于地产公司的审计报告有误不予采信的情况下，某迳税务分局作出的税务事项通知书认为房地产公司认为未多缴纳税款及滞纳金，属于认定事实不清、证据不足。根据相关法律规定，二审法院认为某雄税务局作出维持的复议决定不合法。基于此，二审法院认为一审判决认定事实清楚、适用法律及所作判决正确，依法判决驳回上诉，维持原判。

案例 3-3 中，税企争议焦点有两个：一是该项目是否适用核定征收，税务局未提供原件；二是旧城改造项目是否达到清算条件，税务局没有提供旧城改造项目已经达到清算标准的证明材料。该案中税务机关工作重心显然出现偏差，被法院认定为事实不清、证据不足、适用法律错误。

案例 3 - 4

　　某集团有限公司（以下简称"该公司"）从四家案外劳务派遣公司取得合计 1 亿 4600 多万元虚开发票，套取的资金包括为本公司员工发放并在企业所得税前扣除的工资性支出 1 亿 4500 多万元。国家税务总局某市税务局稽查局（以下简称"稽查局"）认定应调增其所取得虚开发票所支付的工资性支出，少缴的企业所得税构成偷税，应予以补缴。2017 年 5 月 15 日，稽查局作出税务行政处理决定书，认定该公司在 2008 年至 2013 年期间取得虚开劳务费发票 1 亿 4600 多万元，其费用不准税前扣除支出，应调增应纳税所得额 1 亿 4900 多万元。该公司少缴纳企业所得税 3700 多万元定性为偷税，稽查局决定追缴企业所得税 3000 多万元。该公司不服，向国家税务总局某省税务局提起行政复议，2017 年 9 月 7 日，国家税务总局某省税务局作出行政复议决定书，决定维持上述处理决定。

该公司不服，诉至法院。

税企争议焦点主要表现在两个方面，一是事实的认定，二是适用的政策。

一审时，该公司认为稽查局作出的税务处理决定认定事实不清。（1）关于工资薪金性支出的事实认定不清。该公司认为稽查局认定涉案部分工资性支出未按照工资制度规定发放，并未对该部分工资性支出所对应的员工所得的来源与性质进行认定，属于事实认定不清。（2）该公司认为稽查局认定涉案部分工资性支出未按照工资制度规定发放，对其工资制度存在误解，属于认定事实不清。该公司制定的工资总额管理办法规定工资原则上实行工效挂钩，但考虑到特殊情况，也制定了特殊规定。该公司认为稽查局只是片面强调第五条工效挂钩的规定，而忽略了第六条特殊规定，故存在对工资制度的错误理解。（3）对于其他支出的认定事实错误。在管理费用方面，该公司认为职工所付出的所有劳动对应的收入被确认为合法应税收入，与之对应的劳动报酬支出成本也应该被确认为可抵扣的成本，而劳动报酬支出所对应的费用也应该被确认为可抵扣的费用。在业务招待费方面，该公司认为食堂招待费、印度业主来当地考察费等支出属公司实际发生的、与取得收入有关的业务招待费支出，应该按业务招待费准予按比例在税前扣除。在补贴支出方面，该公司认为其在合同中有约定"乙方免费提供甲方驻厂人员、监理、第三方检测人员及业主驻厂人员食宿、交通费用"，上述支出是与取得收入有关的支出，应准予税前扣除。

对此，稽查局认为其作出的税务处理决定书事实清楚、证据充分。稽查局认为，该公司取得劳务费发票已证实为虚开发票，并利用虚开发票违规税前扣除1亿4600多万元，该部分不准税前扣除的支出包括：该公司利用虚开劳务费发票套取资金，以赶工费、奖金、施工补贴、高原津贴等名义发放给本单位员工的1亿4500多万元，列支业务招待费违规税前扣除的 4 万多元，该公司未取得合法有效凭证列支业务招待费违规税前扣除的 20 多万元，该公司以就餐补贴、节日补助、话费补助名义支付给非本公司员工的 20 多万元。

一审法院认为，稽查局未能提供充分的证据证明该公司支付 1 亿 4500 多万元工资的不合理性，应承担举证不能的法律责任，该工资应认定为合理支出。一审法院指出，企业职工工资的合理性与工资资金的来源方式是否合法没有必然联系，该公司虚开发票套取本企业资金，其行为违法并不必然导致该公司使用套取的资金给职工发放工资违法。

对于适用法律是否正确，该公司认为稽查局判定其违反国税函〔2009〕3 号文件的观点，属于法律适用错误，该公司的行为并不构成偷税，不应受到行政处罚。该公司表示，虽然形式上其采用了开具劳务派遣发票的不规范的形式，但是实质上并没有对国家或他人造成损失，其也未获取利益，属于违法阻却事由，因此应当排除稽查局关于"虚开发票"违法的认定。同时，其主观上不存在"采取违反工资薪金制度等方式进行虚假纳税申报"的故意，客观上也没有因此获取利益，因此该形式上的"违法性"应该被排除或阻却，即不应认定该公司虚开发票不被税前抵扣。

对此，稽查局认为其作出税务处罚决定程序合法，适用法律正确。对于该公司利用虚开劳务费发票套取资金，以赶工费、奖金、施工补贴、高原津贴等名义发放给本单位员工的1亿4500多万元，列支业务招待费违规税前扣除的4万多元，以就餐补贴、节日补助、话费补助名义支付给非本公司员工的40多万元，根据《中华人民共和国企业所得税法》《中华人民共和国企业所得税法实施条例》等相关法律的规定，未按照工资制度发放的不合理工资薪金、未取得合法有效凭证列支的业务招待费、与取得收入无关的支出不准在税前扣除。

一审法院认为，该案争议的1亿4500多万元工资性支出是该公司生产经营中客观存在的成本，稽查局根据该资金来源的违法性否定给员工支付工资的合理性，既不符合《中华人民共和国企业所得税法》第八条之规定，也存在主要证据不足的问题。

　　一审法院判决：撤销稽查局作出的税务处理决定书，撤销国家税务总局某省税务局作出的行政复议决定书，责令稽查局在判决生效后60日内重新作出处理决定。

　　国家税务总局某市税务局稽查局、国家税务总局某省税务局不服一审判决，向当地中级人民法院提起上诉。

　　二审法院认为，在认定事实是否清楚方面，该1亿4500多万元属于给员工支付的工资并无异议，一审法院认定事实清楚。

　　对于适用法律是否正确，稽查局认为，《中华人民共和国企业所得税法》第八条仅是一种原则性规定，一审法院忽略了《中华人民共和国企业所得税法实施条例》第三十四条、《国家税务总局关于企业工资薪金及职工福利费扣除问题的通知》（国税函〔2009〕3号）的具体要求，明显属于法律适用问题。同时，稽查局认为该公司违反工资制度，以让他人虚开发票套取资金方式发放工资，所造成少缴企业所得税属于偷税，应当予以追缴。

对此，该公司认为，首先，根据《中华人民共和国行政诉讼法》第六十三条的规定，人民法院审理行政案件，以法律和行政法规、地方性行政法规为依据，参照规章。而国税函〔2009〕3号文件仅仅是其他一般规范性文件，人民法院审理案件无须依据或参照该文件的规定。其次，稽查局所依据的国税函〔2009〕3号文件违反上位法《中华人民共和国企业所得税法实施条例》，国税函〔2009〕3号文件第一条关于合理工资薪金问题中的什么是"合理工资薪金"的解释中，其增添的内容均缩小了上位法规定的纳税主体的权利范围，直接限制或者剥夺了企业的权利。同时，该公司认为其通过两个渠道发放工资是合理的，并未违反自己制定的工资管理制度，其行为并不构成偷税。此外，该公司认为，通过开具劳务派遣发票的形式支付员工工资虽然具有不规范性，但是主观上并不存在"进行虚假纳税申报"的故意，客观上也没有因此获取利益和造成少缴企业所得税的后果，因此该行为不应当被认定为偷税。

二审法院认为，稽查局认定1亿4500多万元工资性支出不准在税前扣除，为应调增应纳税所得额，不符合相关法律法规的规定，稽查局作出的税务处理决定理据不足。

二审法院以原审判决认定事实清楚、适用法律正确为由，判决驳回上诉、维持原判。

案例 3-4 呈现的是对偷税概念的理解不一。税务机关、该公司以及法院依据的法律都是《中华人民共和国税收征收管理法》《中华人民共和国企业所得税法》。但税务机关认为该公司为了达到其他目的伪造了凭证，就符合了《中华人民共和国税收征收管理法》第六十三条的规定，是偷税；该公司认为其为员工支付工资是真实存在的，应允许税前扣除，并未造成少缴税款，不是偷税；而法院则认为该公司用一个违法的方法支付工资，但因为支付工资行为的真实存在，本意并非为了少缴企业所得税，也没有虚增成本，所以未带来少缴企业所得税的结果，因此不能判定为偷税行为。

违法阻却事由是一个常见的法律概念，但涉税案件中很少涉及。这也是税务理解与法院判决的差异之所在。

税企双方对于"合理工资薪金"的解释出现差异，税务机关认为"合理工资薪金"应遵循《国家税务总局关于企业工资薪金及职工福利费扣除问题的通知》（国税函〔2009〕3 号）的规定，而企业认为该文件缩小了上位法规定的纳税主体的权利范围，直接限制或者剥夺了企业的权利。这又是一个属于税收法定原则判定的内容，即下位法的相关政策解释，是否限缩了纳税人权益。而最终的判决也可以看出税务机关、纳税人和法院对法律条款理解的差异。

2004 年 11 月 30 日，广州某房产建设有限公司（以下简称"建设公司"）与广州某拍卖行有限公司（以下简称"拍卖行"）签订委托拍卖合同，委托拍卖行拍卖其自有的位于广州的一处房产。委托拍卖的房产总面积为 63244.7944 平方米，估值金额为 5 亿 3000 多万港元。2004 年 12 月 19 日，某实业有限公司（香港公司）作为该房产的唯一竞买人，通过拍卖以底价 1.3 亿港元（按当时的银行汇率，兑换人民币为 1.38255 亿元）竞买了部分房产，面积为 59907.0921 平方米。房产拍卖后，建设公司按 1.38255 亿元的拍卖成交价格，先后向税务部门缴付了营业税 690 多万元及堤围防护费 12 万余元，并取得了相应的完税凭证。

2006 年，某市地方税务局第一稽查局（以下简称"地税第一稽查局"）在检查建设公司 2004 年至 2005 年地方税费的缴纳情况时，发现

建设公司存在上述情况，展开调查。2009 年 9 月
14 日，地税第一稽查局作出税务处理决定，核定
建设公司委托拍卖的上述房产的交易价格为 3 亿
1000 多万元，并以 3 亿 1000 多万元为标准核定
应缴纳营业税及堤围防护费，决定追缴建设公司
未缴纳的营业税 860 多万元，加收营业税滞纳金
280 多万元；决定追缴堤围防护费 15 万余元，并
加收滞纳金 4 万余元。建设公司不服地税第一稽
查局的处理决定，向当地的地方税务局申请行政
复议。地方税务局经复议后作出决定，维持了地
税第一稽查局的处理决定。

建设公司不服，向当地的区人民法院提起
诉讼。

一审法院认为，地税第一稽查局通过调查取
证，认定建设公司委托拍卖的房产的交易价格明
显低于市场交易价格，在向建设公司送达税务检
查情况核对意见书，将检查过程中发现的问题及
核定查补其营业税和堤围防护费的具体数额、相

关政策以及整个核定查补税费的计算方法、建设公司享有陈述的权利等告知建设公司后，根据上述法律法规的规定，作出被诉税务处理决定，认定事实清楚，证据充分，处理恰当，符合税收征管法的规定。同时，建设公司在委托拍卖时，约定的拍卖保证金数额较高，导致只有一个竞买人且最终以底价 1.3 亿港元成交，这是造成交易价值比市场价值偏低的主要原因。建设公司依法应按房产的实际价值缴纳营业税及堤围防护费。建设公司申报的计税依据明显偏低，地税第一稽查局作为税务管理机关，依法依职权核定其应纳税额，并作出相应的处理并无不当，也未侵犯建设公司的合法权益。因此，区人民法院依法作出一审判决，驳回建设公司的诉讼请求。

建设公司不服，向当地中级人民法院、高级人民法院提起上诉，均被驳回。

建设公司不服判决，向最高人民法院申请再审。

最高人民法院再审认可了前述法院判决中关于地税第一稽查局是否具有独立的执法主体资格和是否超越职权的问题，计税依据申报纳税是否存在"计税依据明显偏低，又无正当理由"情形的问题。但对于地税第一稽查局核定应纳税款后追征税款和加征滞纳金是否合法的问题有了新的意见。

最高人民法院认为，有权核定并追缴税款，与加收滞纳金属于两个不同问题。该案中建设公司在拍卖成交后依法缴纳了税款，不存在计算错误等失误，税务机关经过长期调查也未发现建设公司存在偷税、抗税、骗税情形，因此建设公司不存在缴纳滞纳金的法定情形。并且，地税第一稽查局在依法进行的调查程序中也未能证明建设公司在拍卖活动中存在恶意串通等违法行为。同时该案还应考虑建设公司基于对拍卖行为以及地方税务局完税凭证的信赖而形成的信赖利益保护问题，在税务机关无法证明纳税人存在责任的情况下，可以参考《中华人民共和国税收征收管理法》第五十二条第一款的规定内容，作出对行政相对人有利的处理方式。基于此，最高人民法院依法判决如下：撤销当地的市中级人民法院（2010）穗中法行终字第564号行政判决和当地区人民法院（2010）天法行初字第26号行政判决；撤销地税第一稽查局的税务处理决定中对建设公司征收营业税滞纳金280多万元和堤围防护费滞纳金4万余元的决定；责令地税第一稽查局在该判决生效之日起30日内返还已经征收的营业税滞纳金280多万元和堤围防护费滞纳金4万余元，并按照同期中国人民银行公布的一年期人民币整存整取定期存款基准利率支付相应利息；驳回建设公司其他诉讼请求。

　　案例 3-5 是一个有影响的案例。它的影响不仅在于税务机关在什么情况下、取得什么证据可以对纳税人缴纳税款进行核定，更重要的是它对核定缴纳税款的纳税义务发生时间的确定有了一个全新的认知。同时最高人民法院在判词中明确"根据依法行政的基本要求，没有法律、法规和规章的规定，行政机关不得作出影响行政相对人合法权益或者增加行政相对人义务的决定；在法律规定存在多种解释时，应当首先考虑选择适用有利于行政相对人的解释"，这成了税务利他原则的最具体的体现和表述。

案例 3 - 6

　　2016 年 11 月 16 日，某市平桥区原地方税务局稽查局（2018 年 7 月 20 日，某市平桥区原地方税务局及其下属的稽查局合并为国家税务总局某市平桥区税务局）对一家置业有限公司（以下简称"置业公司"）2010 年 1 月 1 日至 2015 年 12 月 31 日纳税情况进行检查。稽查局认为：2011 年 6 月 13 日，某龙公司向置业公司出借资金 8000 万元，用于项目工程建设。置业公司名为"借款"实为"土地使用权转让"，应缴纳营业税、城市建设维护税、教育费附加、印花税、土地增值税、企业所得税（预征）等七项税款合计 1800 多万元。另外，置业公司还存在其他欠税情况。2014 年 10 月 11 日，置业公司与某实业有限公司签订每平方米 2170 元的房屋销售合同，构成低价关联交易。稽查局于 2017 年 9 月 29 日作出税务处理决定书，对置业公司追缴税款 4400 余万元，加收滞纳金，并对置业公司偷税违法行为处不缴或少缴税款的0.5倍罚款即800余万元。置业公司对处理决定和处罚决定不服，提起行政复议，未得到复议机关支持后提起诉讼。

关于置业公司与某龙公司签订的合作开发建设协议复印件能否作为认定二者之间名为借款实为土地使用权转让事实的证据，成了一审的关键点。一审法院认为，税务局依据复印件的内容来认定置业公司存在转让土地使用权欠缴税款1800多万元，事实不清，主要证据不足。并且，认为税务局仅依据鉴定价格（是否参考同一时点的商品房预售备案价格等，未提供相关证据），就认定置业公司与某实业有限公司存在"低价"关联交易，事实不清，主要证据不足。结合程序是否合法等争议的判决依据，一审法院依法判决撤销税务局作出的税务处理决定书和税务行政处罚决定书，并撤销当地区政府作出的行政复议决定书。

税务局不服判决，向当地中级人民法院提起

上诉。

　　二审时，税务局认为，税务处理决定、税务行政处罚决定认定的置业公司在 A5 地块开发中转让土地使用权产生纳税义务 1800 多万元，置业公司在和美苑、彩虹苑项目建设中少申报、少记收入未申报、关联交易应补缴税款 2600 多万元，置业公司桂园、香园项目建设少申报土地增值税（预征）4 万多元，三项违法行为的事实清楚，证据确凿，适用法律正确，应予以维持。对此，置业公司认为，税务局依据没有原件的所谓 A5 地块合作开发建设协议复印件及未查清该协议与其之间的法律关系性质，即对其作出税务处理决定、税务行政处罚决定，明显属于认定事实不清、证据不足。并且税务局未能够提供置业公司销售和美苑、彩虹苑房屋存在"关联交易"的证据，且在核定和美苑、彩虹苑应纳税额时未按照规定发出税务事项通知书书面通知核定应纳税额，在实体上和程序上均严重违法。二审法院认为，税务局的税务处理决定、处罚决定认定置业公司转让国有建设用地使用权而未缴纳国家税款违法行为的主要证据不足。因税务局在当地的区人民法院请求确认合作开发建设协议无效、返还财产并赔偿损失的民事诉讼尚未结案，税务局以置业公司法定代表人涉嫌犯罪为由将此案移送追究刑事责任，当地的区人民检察院以事实不清、证据不足为由作出了不批准逮捕决定书。税务局调取的现有证据不足以证明置业公司存在私自转让国有建设用地使用权而未缴纳国家税款的违法事实。最终，二审法院认为一审判决认定事实清楚、适用法律正确，依法判决驳回上诉，维持原判。

在案例 3-6 中，税企争议主要集中在两个方面，即程序是否合规、证据是否充分。

在程序是否合规方面，法院认为：税务处理决定作出之前，税务机关未告知行政相对人税务违法行为事实、证据及法律依据；未告知其具有陈述、申辩及要求听证等权利；未按重大税务案件程序进行审理，构成程序违法。该案中，税务局在税务执法过程中明显对于程序的合规性重视不够，存在诸多瑕疵，影响执法效能。

在证据是否充分方面，法院认为：一是税务机关依据复印件的内容认为置业公司名为"借款"实为"土地使用权转让"，存在转让土地使用权行为，欠缴税款，认定依据不足，认为税务局认定置业公司存在转让土地使用权，事实不清，主要证据不足。该案中，这一点也是明显属于滥用"实质重于形式"原则。二是税务机关仅依据鉴定价格，就认定置业公司与某实业有限公司存在"低价"关联交易，事实不清，主要证据不足。从案件的描述来看，这一要点明显属于税务机关应对司法程序时准备不足。

案例 3 - 7

　　2017 年 9 月 14 日，某市城乡一体化示范区地方税务局稽查局（以下简称"地税稽查局"）认定当地经济开发区的一家电动车厂（以下简称"电动车厂"）于 2012 年至 2017 年 4 月累计未缴纳城建税、个人所得税、房产税、土地使用税、印花税等共计 20 多万元，判定其违法行为已构成偷税，共计偷税 20 多万元，偷税税款占被查期间应纳税款的比例为 85.33%。因此，地税稽查局对电动车厂作出税务行政处罚决定，对其偷税违法行为处不缴税款的 4 倍罚款，并于 2017 年 9 月 18 日送达给电动车厂。电动车厂对处罚决定不服，向法院提起诉讼。

　　一审法院认为，地税稽查局对电动车厂作出的处罚决定认定事实清楚，适用法律法规正确，符合法定程序。一审法院作出判决，驳回电动车厂的诉讼请求。

　　电动车厂不服，向当地的中级人民法院提起上诉。

关于电动车厂未缴纳税款的行为是否构成偷税的问题，二审法院认为，地税稽查局提供的证据仅能证明电动车厂于2017年1月3日办理了地税登记，而认定的违法事实却是从2012年至2017年4月期间，故地税稽查局并未提供证据证明电动车厂在其认定的违法事实全部期间内办理了相关地税登记，其认定税务机关已通知电动车厂进行税款申报，进而认定电动车厂不缴税款的行为构成偷税，主要证据不足。对电动车厂未按照规定办理地税登记的行为，地税稽查局应当按照相关规定对其采取相应行政执法措施，其直接适用偷税规定，给予电动车厂补缴税额4倍罚款的税务行政处罚，属于适用法律错误。综上，二审法院以地税稽查局作出的涉案税务处罚决定主要证据不足、法律适用错误为由，依法判决撤销一审判决，并撤销地税稽查局作出的税务行政处罚决定。

地税稽查局对二审判决结果不服，向所在省的高级人民法院申请再审。

　　再审时，地税稽查局认为，其作出的税务行政处罚决定认定事实清楚，程序合法，适用法律正确。表示电动车厂自 2012 年到 2017 年 4 月未缴纳城建税、个人所得税、房产税、土地使用税和印花税。根据相关规定，电动车厂已经办理了税务登记，应当认定为属于"经税务机关通知申报而没有申报"的情形，其行为已构成偷税。

　　对此，电动车厂认为，地税稽查局无任何证据证明电动车厂存在偷税情形，其作出的处罚决定认定事实错误，适用法律错误。

　　再审法院认为，根据当时的税务管理法规，在行政处罚程序中，认定已办理国税登记等同于已办理地税登记没有法律依据。电动车厂 2012 年 3 月办理国税登记，2017 年 1 月办理地税登记。基于上述分析和事实，再审法院认为，地税稽查局以已办理国税登记视同已办理地税登记为由，认定电动车厂已办理税务登记，其未缴纳税款的情形属于"经税务机关通知申报而没有申报"情形，2012 年至 2017 年 4 月期间存在偷税明显依据不足。同时，地税稽查局认定电动车厂偷税20多万元，并对其处4倍罚款，该罚款数额较大，根据《中华人民共和国行政处罚法》等规定，该案应当适用听证程序而没有适用听证程序，也没有听取当事人及其代理人的陈述和意见，程序严重违法。综上，再审法院以地税稽查局对电动车厂作出的行政处罚决定认定事实不清、证据不足、程序违法为由，依法判决维持二审判决。

在案例3-7中，税企双方的争议有两个：第一，办理税务登记是否等于通知纳税申报，尤其是办理了国税纳税登记是否等同于办理地税纳税登记；第二，罚款数额较大，是否应该适用听证程序。

在涉税司法实践中，经常会出现涉税案件认定事实不清、证据不足与规定模糊不清或多种解释方法同时存在的情形。

案例 3 - 8

　　某市一家商贸有限公司（以下简称"商贸公司"）于 2011 年 5 月、7 月、9 月，共采购某市一家物资有限公司（以下简称"物资公司"）的煤炭 5662.82 吨（含税金额 260 多万元），签订煤炭供需合同 4 份，货款由商贸公司从银行汇至物资公司银行账户。取得物资公司开具的 23 份增值税专用发票，合计金额为 220 多万元，税额合计 30 多万元。上述 23 份增值税专用发票，商贸公司已于 2011 年通过国税机关的认证，并申报抵扣了税款。所购货物煤炭已经售出，在 2011 年成本已结转。上述 23 份增值税专用发票，于 2014 年 2 月 26 日被物资公司所在地区的市国家税务局稽查局认定为虚开的增值税专用发票。2014 年 5 月 6 日，商贸公司当地的市国家税务局稽查局（以下简称"稽查局"）作出税务处理决定书，认为商贸公司应补缴增值税 38 万余元，调增 2011 年度应纳税所得额 220 多万元，补缴 2011 年度企业所得税 50 多万元，并依法加收滞纳金。商贸公司不服判决，向法院提起诉讼。

在认定事实是否清楚方面，一审法院认为，稽查局在处理决定中对商贸公司取得的 23 份增值税专用发票认定为虚开，但对其对应的与商贸公司取得收入有关的、合理支出没有作出认定，属事实不清。

在法律依据是否充足方面，一审法院认为，稽查局在处理决定中依据国税发〔2000〕第 187 号、国税函〔2007〕第 1240 号文件对商贸公司作出补缴增值税的处理，确认了商贸公司系善意取得虚开的 23 份增值税专用发票。善意取得的虚开增值税专用发票，税法明确规定不得作为增值税合法有效的扣税凭证抵扣其进项税额。但对该 23 份增值税专用发票对应的企业所产生的成本等，在稽查局没有作出认定的情况下，是否可以作为企业所得税税前列支问题，税法没有作出明确规定。稽查局仅凭商贸公司善意取得的 23 份虚开的增值税专用发票来调增商贸公司的企业所得税，要求补缴企业所得税、加收滞纳金的处理决定，认定事实不清、法律依据不足。于是，一审法院依法判决：维持稽查局于 2014 年 5 月 6 日作出的税务处理决定书第一条，撤销税务处理决定书第二条。

稽查局不服一审判决，向当地的中级人民法院提起上诉。

二审时，稽查局认为，一审判决认定的案件事实错误。根据物资公司所在地的市国家税务局发给稽查局的已证实虚开通知单、发票清单及案情介绍，能够证明商贸公司取得的 23 份增值税发票系虚开，稽查局认为其作出的税务处理决定书认定事实清楚。同时依据《国家税务总局关于加强企业所得税管理的意见》《国家税务总局关于印发〈进一步加强税收征管若干具体措施〉的通知》的相关规定，商贸公司购买煤炭必须取得合法有效的发票，而商贸公司取得的是虚开的增值税专用发票，虚开的增值税专用发票属于不符合规定的发票，是不合法的凭证，不得税前扣除。并且根据《中华人民共和国行政诉讼法》第五十四条第（二）项规定，一审判决在撤销稽查局行政行为的同时，应当赋予稽查局重新作出处理的权力。稽查局希望维持其作出的税务处理决定书。

对此，商贸公司认为稽查局作出的处理决定违法。认为根据《中华人民共和国企业所得税法》第八条规定的内容，商贸公司是否应当缴纳企业所得税和滞纳金，关键在于是否存在成本支出，稽查局认可成本存在，却对成本也要补征所得税不合理不合法。国家税务总局国税发〔2000〕第187号规定充分证明了商贸公司购买煤炭的事实，该成本支出是事实。稽查局依据的《中华人民共和国企业所得税法》第八条、第四十九条等规定，只是规定了不合法、不真实的凭据不得税前扣除，没有排除其他合法凭据可以税前扣除的情形，根据某省地方税务局苏地税规〔2011〕13号《企业所得税税前扣除凭证管理办法》第五条的规定及

第七条的规定，企业无法取得合法凭证，但有确凿证据证明业务支出真实且取得收入方相关收入已入账的，可予以税前扣除。

二审法院认为，《中华人民共和国企业所得税法》第八条的规定、《国家税务总局关于加强企业所得税管理的意见》有关"不符合规定的发票不得作为税前扣除凭证"的规定，《国家税务总局关于印发〈进一步加强税收征管若干具体措施〉的通知》第六条的规定，对违规取得发票或凭据不得在税前扣除作了规定，但商贸公司善意取得物资公司虚开的23份增值税专用发票企业对应产生的成本，是否应当作为企业所得税税前列支，税法没有禁止性规定，在此情况下稽查局要求商贸公司补缴企业所得税并加收滞纳金的法律依据不足，认定事实不清。因此，二审法院以原审判决认定事实清楚、适用法律正确、程序合法为由，依法判决驳回上诉，维持原判。

案例 3-8 中，双方争议的焦点在于，虚开取得的票据在成本真实的情况下，是否能税前扣除。

税务机关认为，有政策规定票据不合规就不得税前扣除，因此无须考虑业务是否真实，也没有对相对应的业务真实成本进行确认。

纳税人则将争议焦点分解成两个方面，适用政策是否合规和证据是否充分。纳税人首先指出税务机关引用的政策违背了上位法的相关规定，明确企业的真实成本支出可以税前扣除，再提出税务机关在没有对真实业务成本进行确认的条件下，要求纳税人补缴企业所得税，明显证据不足。

法院判定时认为，税务机关引用相关税法只是规定了不合法、不真实的凭据不得税前扣除，没有排除其他合法凭据可以税前扣除的情形。因此，支持了纳税人的诉求。这既是税收法定原则的体现，即对于公权力法无授权不可为，也是税务利他原则的体现，即当证据不足以证明时，不得作出不利于行政相对人的决定。

五 滞纳金与税款预缴的探析

滞纳金与税款预缴，这是两个完全独立的概念，但都和税务利他原则息息相关。

（一）滞纳金

滞纳金是对不按纳税期限缴纳税款的纳税人，按滞纳天数加收滞纳税款一定比例的款项，它是税务机关对逾期缴纳税款的纳税人给予经济制裁的一种措施。《新税收征收管理法及其实施细则释义》（2003 年版）关于滞纳金的释义是这样的：滞纳金是为了对未按期缴纳、解缴税款的行为进行惩罚，并以经济、法律、行政的手段促使纳税人、扣缴义务人尽快履行义务。

《中华人民共和国税收征收管理法》第三十二条规定："纳税人未按照规定期限缴纳税款的，扣缴义务人未按照规定期限解缴税款的，税务机关除责令限期缴纳外，从滞纳税款之日起，按日加收滞纳税款万分之五的滞纳金。"《中华人民共和国税收征收管理法》规定了不按规定缴纳税款加收滞纳金，但没有对加收滞纳金的限额作出规定。

而《中华人民共和国行政强制法》第四十五条规定："行

政机关依法作出金钱给付义务的行政决定，当事人逾期不履行的，行政机关可以依法加处罚款或者滞纳金。加处罚款或者滞纳金的标准应当告知当事人。加处罚款或者滞纳金的数额不得超出金钱给付义务的数额。"《中华人民共和国行政强制法》对加收滞纳金，明确规定为不得超出金钱给付义务的数额，也就是本金。

于是，税款滞纳金能否超过税款本金成为问题，不时出现征纳争议，一些地方税务机关执法口径不一，法院的判决口径也不尽相同。

一种观点认为，税款滞纳金是纳税人、扣缴义务人因逾期缴纳、解缴而占用国家税金，是对缴纳的一种补偿，属于利息性质，因此税款滞纳金不应当被纳入《中华人民共和国行政强制法》所规定的滞纳金范围之内，不受"滞纳金的数额不得超出金钱给付义务的数额"的限制。

另一种观点认为，《中华人民共和国税收征收管理法》所规定的税款滞纳金属于强制执行方式，且《中华人民共和国行政强制法》第四十五条没有"除外"规定，因此适用《中华人民共和国行政强制法》第四十五条的规定，税款滞纳金不得超过税款本金。

面对众多关于滞纳金能否超过本金的咨询，税务机关的倾向性是明确的。国家税务总局纳税服务司曾对此事有过回复：对税收滞纳金的加收，按照《中华人民共和国税收征收管理法》执行，不适用《中华人民共和国行政强制法》，不存在是否能超出税款本金的问题。如滞纳金加收数额超过本金，则按《中华人民共和国税收征收管理法》的规定进行加收。各地税务机关均沿用总局的意见。

《中国税务报》"法治视点"栏目曾于 2022 年进行过"税款滞纳金能否超过本金"专题讨论。在该专题讨论中，针对某企业不认同需要缴纳税款滞纳金超过税款本金的争议案例，税务系统两位公职律师分析了《中华人民共和国税收征收管理法》《中华人民共和国行政强制法》等有关法律法规的规定，对"税款滞纳金能否超过本金"展开深入讨论，认为税款滞纳金和《中华人民共和国行政强制法》所称的滞纳金在适用法律、加收（处）前提、起始期限、履行程序、强制性等方面有诸多不同，两者不是同一概念。两位公职律师均认为，纳税人未按照法律规定的期限缴纳税款产生的滞纳金加收，适用《中华人民共和国税收征收管理法》，税款滞纳金可以超过税款本金。

无论是赞同还是反对，大家都认为税款滞纳金是否可以超过税款本金，应该由滞纳金的性质决定。

全国人大常委会法制工作委员会行政法室编著的《中华人民共和国行政强制法解读》指出："加处罚款和滞纳金属于执行罚，是间接强制的一种。"可见，权威机关认为税款滞纳金是执行罚，具有惩罚性。

《新税收征收管理法及其实施细则释义》（2003 年版）关于滞纳金的释义是："滞纳金是为了对未按期缴纳、解缴税款的行为进行惩罚，并以经济、法律、行政的手段促使纳税人、扣缴义务人尽快履行义务。"该释义明确，滞纳金以经济的手段进行惩罚，滞纳金带有惩罚性。

但在《中华人民共和国税收征收管理法》条文结构中，作出加收滞纳金的规定是在第三章"税款征收"而不是在第五章"法律责任"。因此可以认为，滞纳金不属于法律责任中的行政罚款，不属于行政违法责任的承担形式。滞纳金具有的是补偿性而非惩罚性。

对滞纳金的两种不同性质的认定会带来不同的结果。如果认定属性是补偿性，那么不适用《中华人民共和国行政强制法》，应该确定滞纳金的标准和征收的期限，滞纳金可以超出本金；如果认定属性是惩罚性，那么应适用《中华人民共和国行政强制法》，滞纳金不应该超出本金。

而笔者有另外一种观点：滞纳金既具有补偿性又具有惩罚性。2016 年，财政部答复全国人大代表时表示："税收征管法所规定的滞纳金属于利息性质，在税收征管法修订中，将会同国家税务总局等有关部门研究并分清税收利息与滞纳金的关系，并确定适当的征收比例。"可见财政部认为，滞纳金属于补偿性、处罚性兼而有之。

而从加收滞纳金的比率来看，也能证明这一观点。滞纳金年化率 18%，大大超过了银行利率，甚至超过了国家允许的民间借贷利率的最高限额。结合财政部的答复意见，年化率 18% 应该是包含了补偿性质的税收利息和处罚性质的滞纳金。税制改革的确应该尽快对税收利息和滞纳金分别作出规定。确定后的税收利息将上不封顶，可以超过本金，而作为滞纳金部分则应适用《中华人民共和国行政强制法》，不得超过本金。

所以笔者认为，在现阶段，没有明确划分税收利息和滞纳金的情况下，同时具备补偿性和处罚性的滞纳金，应遵循税务利他原则，不得超过本金。

（二）税款预缴

税款预缴是为了保证税款及时、稳定、均衡入库，税务机关依照税法规定，对一定时间内暂时无法确认缴税金额的相关税种，采用按照一定的规则预先缴纳税款的一种征收方式。主要涉及增值税、企业所得税、土地增值税、个人所得税。税款预缴除了具有均衡税款入库的功能外，还具有其他功能作用，如纳税保证金性质的税款预缴，调节跨地区经营税收入归属的税款就地预缴。可以说，税款预缴在税收实践中表现出更大的灵活性和实用性。但无论对它如何定性，都有一个状况应该着重确认，那就是在税款预缴时，并不能确认纳税义务，没有达到法定的纳税义务时间。

根据《中华人民共和国企业所得税法》第五条规定："企业每一纳税年度的收入总额，减除不征税收入、免税收入、各项扣除以及允许弥补的以前年度亏损后的余额，为应纳税所得额。"第五十三条规定："企业所得税按纳税年度计算。纳税年度自公历1月1日起至12月31日止。"

企业所得税以一个会计年度作为纳税期限，期限过长，考虑到税款缴纳的方便性和纳税人的纳税能力，同时也为了均衡税款的入库时间，《中华人民共和国企业所得税法》第五十四条规定："企业所得税分月或者分季预缴。企业应当自月份或者季度终了之日起十五日内，向税务机关报送预缴企业所得税纳税申报表，预缴税款。企业应当自年度终了之日起五个月内，向税务机关报送年度企业所得税纳税申报表，并汇算清缴，结清应缴应退税款。"

企业所得税的纳税义务时间为次年的5月31日。

《中华人民共和国个人所得税法》第九条规定："个人所得税以所得人为纳税人，以支付所得的单位或者个人为扣缴义务人。"第十一条规定："居民个人取得综合所得，按年计算个人所得税；有扣缴义务人的，由扣缴义务人按月或者按次预扣预缴税款。需要办理汇算清缴的，应当在取得所得的次年三月一日至六月三十日内办理汇算清缴。"

税法赋予了扣缴义务人预扣预缴税款的权利，明确了需要汇算清缴，纳税人的纳税义务时点是次年的 6 月 30 日。

《中华人民共和国土地增值税暂行条例》没有关于预征的相关规定，但是，《中华人民共和国土地增值税暂行条例实施细则》第十六条规定："纳税人在项目全部竣工结算前转让房地产取得的收入，由于涉及成本确定或其他原因，而无法据以计算土地增值税的，可以预征土地增值税，待该项目全部竣工、办理结算后再进行清算，多退少补。"

暂且不谈国务院发布的行政法规《中华人民共和国土地增值税暂行条例》没有预缴税款的规定，财政部发布的部门规章《中华人民共和国土地增值税暂行条例实施细则》能否要求纳税人进行预缴，这属于税收法定原则的范畴。税务利他原则讨论的是预缴汇算退税的利息问题。

按照税法规定，纳税人未按期预缴的税款税务机关需要加收滞纳金。而对纳税人提前缴纳的预缴税款在汇算退税时却不退还占用其资金的利息，即早缴预缴不退利息，少缴迟缴要收滞纳金，这对纳税人而言显然有失公平。

其实法律规定是明确的，《中华人民共和国税收征收管理法》第五十一条规定："纳税人超过应纳税额缴纳的税款，税务机关发现后应当立即退还；纳税人自结算缴纳税款之日起三年内发现的，可以向税务机关要求退还多缴的税款并加算银行同期存款利息，税务机关及时查实后应当立即退还；涉及从国库中退库的，依照法律、行政法规有关国库管理的规定退还。"

法律有规定，对于多缴的税款，税务机关除了应退还税款，还应给予银行同期存款利息的补偿。但因为各税种的预缴规定以及后续税务机关的部门规章、规范性文件中都没有对预缴退税、如何申请退还利息作出规定，因此在实操中，没有因为预缴退税而退还利息的先例。在立法层面，立法者没有考虑到当国家占用纳税人资金的时候的补偿问题。这是在立法层面税务利他原则的缺失。

笔者认为，国家除了退还多缴的税款时需要对纳税人进行补偿外，还需对预缴和预缴退税的补偿进行完善，以便更好地促进纳税人自觉依法预缴税款。

六 小结

在税法领域，法律条文的解释影响纳税人的根本利益，有其特殊重要性。但由于专业性和税收征纳关系的不对等，税法解释实践并没有因为其重要性而变得更加规范和科学，相反，税法解释常常陷入无序状态，缺乏规则。同一政策，不同的人会有不同的解答，而且都貌似极为合理。

税务利他原则，其实是法律原则中一项极为基础性的原则，只是在税收执法环境下没有人提出。而基于国家与纳税人的税收征纳关系，税法解释应尽量考虑纳税人的合理期待、保护其利益。税收征纳实践中的信息不对称以及结构性利益失衡，也会顺理成章导出"向纳税人倾斜保护"等理念。税法解释遵循法律解释的一般规则，明确"税务利他原则"，并在其指引下阐明争议条款的含义，指引税法适用，也是一个必然的结果。

随着经济社会的发展，人们对税法的认知逐步改变，使得纳税人对自身权益逐渐重视，也迫切希望国家能给予保护。在解释税收法律时，确立并遵循税务利他原则即最有利于纳税人的原则，有效保护纳税人的权益不受无端侵损，符合当前税法保护纳税人权利的价值取向。当然，税务利他原则并不意味着任何时候、任何情形都能直接适用，其适用应恪守和满足特有的条件和序位，只是在税法及其相关法律条文的文本表述得模糊不清、存在疑义，或有两种及两种以上的理解时，应当对法律条文作出更有利于纳税人的解释。

自由裁量权是法律赋予行政机关在法律法规规定的原则和规范内一定选择余地的处置权力。税务机关的自由裁量权是指当事实性质确定后，在行政处罚幅度内的裁量权，而不是在对事实性质认定时的自由权利。税务执法实践中，税务机关自由裁量的范围已经远超过课税事实认定的范围。自由裁量的广泛使用会对法律正义等内容造成一定威胁，因此，需要对税务机关的自由裁量权加以控制，确保税收执法的合规性与权威性。自由裁量权只有与税务利他原则相结合，才能在充分保障纳税人的合法权益的基础上体现税法的权威性。

对于努力推进税收法治建设的中国而言，我们要理性对待税法解释领域中的利他原则，在合理的场景中适用合适的税法解释原则。在税法解释实践中，许多利益都是交错的，或多或少存在冲突，如何衡量和识别不同的利益，选择哪种手段和方法保护这些利益，就成为立法的一个重要问题，也成为解释者在税法解释中不可回避的关键性问题。随着时代的发展，税法所规范对象的经济活动越来越复杂，并且税收负担占国民经济的比重与日俱增，所以要重新梳理在整个国民经济体系中税收的意义及任务，观察被征税对象的纳税人立场，以促进国民经济的安定和发展。所以税务利他原则的逐步推广适用具有极重要的现实价值，也是促进中国税收法治发展进程的重要内容。税务利他原则在税法解释中的确定与落实，既可以倒逼税收立法完善，也可以约束税收执法。

后 记
AFTERWORD

税收是国家财政总收入的重要来源。只有获得足够的税收，国家才能更好地保障社会的正常运行、促进社会的健康发展。随着经济社会的发展，国家要建立健全税收法律体系，完善税收制度，税务机关要不断优化工作方法和执法程序，保障国家税收职能的正常运作。

在法律领域以至税务执法行为中，各种原则充斥，而本书主要谈论税收执法三大原则，即税收法定原则、程序合规原则及税务利他原则。

税收承载了财政收入和社会效益的双重责任，在制定税法的时候，既要立足宏观形势，分析对经济、财政收入的影响，又要分析税法执行现状；既要以税法基本原则为基础，又要掌握税收实务问题；既要掌握我国税收法治背景，又要借鉴其他国家立法经验。从纳税人基本权利的角度来看，税法在微观层面需要充分表达纳税人等各主体的利益诉求。税制必须审慎设计，以保证在实现征税目的的同时避免对纳税人基本权利的侵害。在税收立法还不够完善的情况下，用明确各类执法原则的方式来加以弥补，有其必然性。因此，明确税收执法的基本原则应该成为完善税收法律法规体系的一项重要内容。

《法治中国建设规划（2020—2025年）》明确了奋力建设良法善治的法治中国，所以税法的进一步发展也应以"良法善治"为根本要求，从税收法治的角度理解和践行税收法定原则，做到税收执法程序合规。当前税法环境下，我国应当逐步、逐级、逐层清理和完善现有税收行政法规，将其上升为法律。同时，考虑到法律规范的稳定性和连续性，我们应当认可现行法规的效力，并允许对其进行规范性修改、解释或出台执行细规。但是，这些行为都必须以不扩张、限缩或改变原有权益为前提，不能超出原先授权制定的法规范围，原则上也应当以有利于纳税人为约束条件。要将税收立法和税制改革统筹考虑，在完善税制的过程中发挥税收立法的引领、促进和保障作用。同时，需要理顺税收法律与税收行政法规、规章的关系，构建科学协调的税收法律法规体系，达成"良法善治"的目标。